rororo computer

HERAUSGEGEBEN VON LUDWIG MOOS UND MANFRED WAFFENDER

«Ein Hacker zu sein, das ist manchmal wie der liebe Gott selbst zu sein. Man hat totale Kontrolle über den Computer. Beherrscht ihn vollständig, kann machen, was man will.»

Die Hacker sind die Guerillas der Computerszene. Berauscht von der Geschwindigkeit ihrer Computer gehen sie auf Expedition in verkabelte Datenwelten. Der Reiz des Verbotenen und die geheime Lust auf Subversion geben ihnen ein Gefühl der «kleinen Macht» gegenüber den Superapparaten der Mächtigen.

Das Buch beschäftigt sich mit der gewöhnlichen Computerkriminalität, vor allem aber mit der Aufrüstung der Datensysteme und dem Zugang zur Information. Ist das Hacking ein ernst zu nehmendes Mittel des Widerstands gegen Bürokratisierung und Militarisierung? Sind die Hacker das Modell einer revolutionären Bewegung oder bloß die Farbtupfer in einer Gesellschaft, die sich computergerecht nach Nullen und Einsen rechnen läßt?

DIE HACKER

WERNER HEINE

VON DER LUST, IN FREMDEN NETZEN ZU WILDERN

ROWOHLT
rororo

13.–18. Tausend Oktober 1985

Originalausgabe
Umschlagentwurf Thomas Henning
(Foto Sebastian Kusenberg)
Veröffentlicht im Rowohlt Taschenbuch Verlag
GmbH, Reinbek bei Hamburg, Februar 1985

Satz Times (Linotron 202)
Gesamtherstellung Clausen & Bosse, Leck
Printed in Germany
1080-ISBN 3 499 18119 3

INHALT

VORWORT 7

DER CHAOS COMPUTER CLUB
Robin Hood im Daten-Wald 9

HEREINSPAZIERT!
Ein Abend in internationalen Netzen 16

LET THE CHILDREN PLAY
Die ersten Hacker in den USA 28

BLAUE KISTEN
Die Mitternachtspiraten telefonieren um die Welt 43

CHESHIRE CATALYST
Der Tastenteufel 53

FREISPRUCH MANGELS TATBESTAND
Von den Schwierigkeiten, einen Paragraphen gegen Magnetfelder zu finden 60

MORGEN, KINDER, WIRD'S WAS GEBEN
Wie die Datenschützer durch das Kabelnetz fallen 77

DAS TROJANISCHE PFERD
Mit Odysseus in die Betriebssysteme 95

DIE KUNST DER VERSCHLÜSSELUNG
Ein Exkurs in die Lehre der Geheimschriften 117

DIE ELEKTRONISCHEN BURGEN
Wenn der Chip zur Falltür wird 137

ELEKTRONISCHER BANKRAUB UND FÄLSCHUNG MIT DEM BÜGELEISEN
Ein kleiner Führer durch die Computerkriminalität 150

VORWORT

Seit der junge David in dem Film «War Games» von seinem Homecomputer aus die Welt an den Rand des Atomkriegs spielte, sind sie auch bei uns ein Begriff – die Hacker in den Datennetzen. Wie nahe die Fiktion der Wirklichkeit kam, zeigte sich nur Wochen nach der Filmpremiere, als die US-Presse den elektronischen Einbruch in ein militärisches Rechnersystem des Pentagon meldete, begangen von Fünfzehnjährigen am Monitor im Kinderzimmer. Denn in den USA ist «Hacking» längst ein weitverbreitetes Freizeitvergnügen jugendlicher Computerfreaks. Angefangen hatte es in den fünfziger Jahren mit den «Blue boxes». Das waren kleine selbstgebastelte Kästchen neben dem Telefon, mit deren elektronischem Inhalt technisch begabte Teenager den Gebührenzähler ausschalteten und Ferngespräche zum Ortstarif führten. Aus dem Vagabundieren im Telefonnetz wurde das Vagabundieren in anderer Leute Computer, als die Großrechner von Banken, Versicherungen und Industriefirmen über öffentliche Datennetze miteinander verbunden wurden. Ausgerüstet mit Mikrocomputer, Telefon und Modem gehen seither Jugendliche, die es leid sind, auf ihren Geräten nur Videospiele laufen zu lassen, auf die Suche nach digitalen Gesprächspartnern, erkunden Netze, studieren fremde Betriebssysteme und Programme und durchbrechen immer wieder die Zugangssperren fremder Rechner.

Die Piraterie in den Netzen, die im Gefolge der Homecomputer schließlich auch die Bundesrepublik erreichte, blieb so lange vor der Öffentlichkeit verborgen, weil die Beteiligten keinen Grund sehen, darüber zu reden. Die Hacker verbreiten ihre technischen

Tricks über Untergrundblätter und geben geheime Paßwörter, die Zugangscodes für Rechner, nur an Freunde weiter. Und für die Hersteller und Besitzer von Großrechnern war es nie werbewirksam, daß Jugendliche ihnen in die Karten schauen können. Sie unternehmen seit langem alles, was den Zugang zu den Magnetspeichern erschwert. Die Sicherung von Bits und Bytes ist zu einem Industriezweig geworden, der mit technischem Gerät und mathematischen Codierungsverfahren wachsenden Umsatz macht und die Computer in immer besser bewachte elektronische Burgen verwandelt.

Die neuen Wehrtürme der Industriegesellschaften sollen das Eigentum an den Informationen in den Datennetzen schützen. Aber die Sicherheitsmaßnahmen haben ihre Grenzen dort, wo sie dem Zweck der Rechner, Mittel zur Kommunikation zu sein, zuwiderlaufen. Da ist die Lücke für Hacker, und da dringen sie ein. Wenn im militärischen Computernetz der USA Schach gespielt und Haschisch gehandelt wird, wenn die Moskauer Nachrichtenagentur TASS plötzlich britische Poptexte sendet, wenn die Bundespost in ihrem Versuchsrechner die Nachricht liest «Herr, segne dieses Chaos», dann waren sie wieder da, die Hacker.

Für die Hacker ist es keine Frage: Wer den Computer benutzt, um sich einen Vermögensvorteil zu verschaffen, gehört nicht zu ihnen. Hacken hat mit Computerkriminalität nichts zu tun. Staat und Industrie sehen das anders. Für sie beginnt das Delikt, wo gegen postalische Vorschriften oder den Eigentumsanspruch verstoßen wird, gleich aus welchen Motiven.

Weil der Streit dargestellt ist, ist die Gefahr des Mißverständnisses gering. Dennoch: Wenn hier Fälle von Computerkriminalität vorgestellt werden, dann nicht, um die Hacker zu kriminalisieren. Es soll nur an einigen Beispielen gezeigt werden, welchen Angriffen sich die Besitzer von Computern ausgesetzt sehen und was geschieht, wenn der Computer ein Tatwerkzeug wird.

DER CHAOS COMPUTER CLUB

Robin Hood im Daten-Wald

Die Tür führt von der Straße direkt ins Arbeitszimmer, das vollgestopft ist mit Schreibtisch, Arbeitsplatten und Stühlen. Überall liegen Berge von Zeitschriften, Computerbögen und Zeitungsausschnitten herum. In den Wandregalen stapeln sich Kassetten und Ordner. Dazwischen drei Monitore und Keyboards verschiedener Fabrikate, Telefonapparate, Platinen und Elektrokabel. Wer einen Sitzplatz sucht, räumt einfach die «taz» der letzten Monate oder einen Haufen Briefumschläge mit exotischen Marken auf einen anderen Stapel. Das Arbeitszimmer gehört zu einer jener kleinen Parterrewohnungen in Hamburg-Eimsbüttel, aus denen die Nachbarn Läden für alternative Kost und Kleidung, Fahrschulen oder Imbißstuben gemacht haben. Neben der Klingel am Eingang fehlt der Name. Der hier wohnt und arbeitet, möchte sich gern ein bißchen bedeckt halten, und das ist verständlich. Denn als der «Spiegel» im Frühjahr 1984 berichtete, was hier entsteht, gingen beim Nachrichtenmagazin mehr als 300 Anfragen nach dieser Adresse ein. Computerfreaks aus der ganzen Bundesrepublik, aus Österreich und der Schweiz wollten wissen, woher die «Datenschleuder» zu beziehen ist, das erste deutsche Infoblatt für Hakker.

Hacker gab es zu dieser Zeit, so behaupteten jedenfalls Fachleute, nur in den USA. Das waren die adretten fünfzehnjährigen Computerkids mit Brille und Krawatte, von denen man in der Zeitung las, wenn das FBI mal wieder die Commodore C64 oder Atari 600 beschlagnahmt hatte, mit deren Hilfe sie in einen Rechner des US-Verteidigungsministeriums eingedrungen waren.

Aber in der Bundesrepublik? Auf einer Fachtagung in München zum Thema Computersicherheit bezweifelten Experten die Existenz bundesdeutscher Hacker. Um zu demonstrieren, wie man einen Mikrocomputer über die Telefonleitung mit einem Großrechner in den USA verbindet, hatten die Veranstalter den New Yorker Hacker Cheshire Catalyst einfliegen lassen, und alle waren furchtbar enttäuscht, daß der nichts Illegales vorführte, sondern nur über Satellit in seinem heimischen elektronischen Briefkasten nachschaute, ob für ihn Post eingetroffen war. Ein Konferenzteilnehmer berichtete von seinen vergeblichen Versuchen, die vom «Spiegel» angekündigte «Datenschleuder» zu beziehen. Er habe bei verschiedenen Zeitschriftengrossisten und bei der Bundespost nachgefragt, und da niemand das ominöse Blättchen kenne, glaube er an den Trick einer Behörde, die auf diese Weise die Adressen von Interessenten sammle.

Was der Experte nicht schaffte, gelang auf Anhieb einem Jungen aus Ostfriesland, dessen Zuschrift Wochen vorher dazu beigetragen hatte, den Papierwust in der Eimsbütteler Wohnung zu vergrößern. Andreas aus Emden schrieb: «Es hieß, daß ihr Tips für Hacker habt. Na, genau die brauch ich, denn dieser ganze Telespielscheiß geht mir auf die Nerven. Auf Hacker hatte ich schon immer Bock, nur wußt ich nicht, daß es hier in Deutschland auch schon geht (jetzt aber, wa?).» Und das war nur einer von 500 Briefen, die über den Buchladen «Schwarzmarkt» in der Hamburger Bundesstraße 9 den «Chaos Computer Club» erreichten. Clubgründer Wau Holland, 32, saß in seinem übervollen Arbeitszimmer schon längst an der Herstellung der Datenschleuder Nr. 2. Die erste Ausgabe, ein einfaches Faltblatt im DIN A 4-Format, war in 800 Exemplaren über Buchläden an Interessierte verteilt worden, und Wau, der sonst nicht zu Pessimismus neigt, hatte zwar mit einem gewissen Echo gerechnet, aber nicht mit dieser Flut. Viele der Briefeschreiber wollten nicht einfach nur das neue Infoblatt abonnieren, sondern mitteilen, worauf sie so lange gewartet hatten. «Hier bin ich», schrieb einer aus der Schweiz, «ich lebe ein Leben voll byteloser Frustration in Europas hinterstem Heimcomputerhinterhof ... Ich weiß, daß es im Leben mehr gibt, als mit meiner Maschine die Löcher im Käse zu zählen oder den Klang von Kuhglocken nachzumachen. Hacken, das ist es! Das magische Wort. Ich möchte Chaos verbreiten. Darum, bitte, liebe Pokers und Peekers, laßt mich eurem erlesenen Kreis warmherziger, aber kaltblütiger Vampire beitreten.»

Als diese Briefe bei Wau Holland eintrafen, war der Kreis wirklich noch sehr klein. Es gab ein paar Freunde aus der Computerbranche, die sich mal in Berlin getroffen hatten, um über die Verbreitung der Kunst des Hackens nachzudenken. Zwei Jahre lang war dann nichts geschehen, bis Wau den Chaos Computer Club («eine galaktische Vereinigung ohne feste Strukturen») in der «Datenschleuder» vorstellte. «Computer», hieß es da, «sind Spiel-, Werk- und Denkzeug. Vor allem: das wichtigste neue Medium. Zur Erklärung: Jahrhunderte nach den ‹print›-Medien, wie Büchern, Zeitschriften und Zeitungen, entstanden Medien zur globalen Verbreitung von Bild und Ton, also Foto, Film, Radio und Fernsehen. Das entscheidende heutige neue Medium ist der Computer. Mit seiner Hilfe lassen sich Informationen ‹über alles Denkbare› in dieser Galaxis übermitteln, und kraft des Verstandes wird Neues geschaffen ... Wir wenden dieses neue Medium – mindestens – ebenso (un-)kritisch an wie die alten. Wir stinken an gegen die Angst- und Verdummungspolitik in bezug auf Computer sowie die Zensurmaßnahmen von internationalen Konzernen, Postmonopolen und Regierungen.» Dieser Einleitung folgte ein Artikel, in dem verschiedene Homecomputertypen nach ihrer Verwendbarkeit für die Telekommunikation beurteilt wurden, eine Glosse über wiederverwendbare Briefmarken, ein Verzeichnis von rechnergespeicherten Zeitschriftenartikeln und Bauanleitungen, die Hackerhymne («zu singen nach der Melodie: Put another nickel in») und ein bißchen Schadenfreude: «Wußtet ihr schon, daß zu Beginn des Jahres das kommunale Rechenzentrum in München ausfiel? Die letzten Worte waren ‹ein relevantes Arbeitsgebiet ist nicht existent›, und dann gab es sieben bittere Stunden weder Führerscheine noch Pässe usw. Da auch die Fahndung dranhing, erhöhte sich möglicherweise an den Grenzen das, was gemeinhin ‹terroristischer Reiseverkehr› heißt.» In der Rubrik

«Unsere Aufgaben für 1984 und die nähere Zukunft» meldete der Chaos Club seine Ziele an, darunter die «Gründung verschiedener öffentlich (per Telefon) zugänglicher Datenbanken», das Sammeln von Geld «für die diversen Aktivitäten», die Verbreitung von Bauanleitungen und Bausätzen für «billige und universelle Modems» sowie «Spaß mit Computern, z. B. die Passwordfabrik. Sammeln, Ausdenken und Verschenken von Paßwörtern aller Art (Welches Password hat der Vatikancomputer? Sechs sechs sechs? Gott? INRI? Babel?).»

Das vage Angebot wurde angenommen. Ein halbes Jahr später hatte die Datenschleuder 200 feste Abonnenten, die für das achtwöchentlich erscheinende Faltblatt 30 Mark pro Jahr auszugeben bereit waren. Der Chaos Club traf sich jeden Dienstagabend am Stammtisch in der Kneipe, aus München, Berlin oder Darmstadt wurde die Gründung von Ortsvereinen gemeldet, und Wau Holland dachte über die Anmeldung eines eingetragenen Vereins nach.

Um diese Zeit kannte ich Wau Holland schon eine ganze Weile. Im Herbst 1982 war in Hamburg das Gerücht umgelaufen, es gebe eine Gruppe von Programmierern, die für abgeschaltete Ampeln in den Großstädten sorgen würde, wenn die Pershing 2-Raketen kommen sollten. Auf der Suche nach der angeblichen «Friedensgruppe Programmierer» stieß ich schließlich auf Wau. «Das ist so ein Heimbastler, ein richtiger Freak, vielleicht kann der weiterhelfen», war mir geraten worden. Um es vorwegzunehmen: Wau konnte nicht. Statt dessen erzählte er mir, er sei ein Hacker, und am Ende unserer Unterhaltung begann ich zu ahnen, was er darunter verstand.

Wau hatte nach dem Abitur Informatik, Elektrotechnik und Politologie studiert, als die Aufbruchstimmung an den Universitäten längst wieder bürgerlicher Bravheit gewichen war. Er hatte sich früh von der Computerei einfangen lassen, aber eine geordnete Karriere als Informatiker war nicht das, wovon er träumte. Er las Bücher über die «Graswurzel-Bewegung» in Kalifornien und wühlte sich durch die Literatur über Geheimschriften. An den neuen Techniken faszinierten ihn die Möglichkeiten, die sie boten, jedenfalls mehr als der Gebrauch nach Vorschrift. Ein paar Jahre lang hatte er als Programmierer bei einer alternativen Softwarefirma gearbeitet, weil er dort auf Kollegen traf, die wie er der Meinung waren, Computerprogramme müßten zu mehr taugen als nur zum Geldverdienen. Die jungen Leute hatten verabredet, Aufträge zur Entwicklung von Programmen nur dann anzunehmen, wenn sie diese Programme für sozial nützlich hielten. Das ging eine Weile gut, bis ein großer Konzern mit einem Entwicklungsauftrag für die in Heidelberg stationierte 7. US-Armee winkte. Da plädierte eine Mehrheit der Mitarbeiter dafür, diesen Auftrag anzunehmen, um damit das Geld zu verdienen, das für die Fortsetzung der gesellschaftlich nützlichen Arbeit gebraucht werde. Wau nannte die Argumentation heuchlerisch, sah sich aber bald mit seinem Standpunkt in der Minderheit und verließ deshalb die Firma.

Als ich ihn kennenlernte, verdiente er sein Geld mit dem Verkauf von Textsystemen, und außerdem schrieb er Artikel für die «taz». In einem dieser Beiträge erzählte er, daß Kinder an einer Schule in den Vereinigten Staaten mit dem hauseigenen Computer ihre Noten verändert und das Gehalt des Direktors gekürzt hatten. Wau rügte diese Maßnahme als «zu kurz gedacht». In welche Lage, fragte er, hätten die Schüler den Direktor gebracht, wenn sie sein Gehalt «ohne Rachegelüste, deutlich, aber im Rahmen erhöht» hätten? Hätte er dann klammheimlich kassiert und die Aufbesserung der Zensuren hingenommen? «Hacken», sagte Wau, «ist mehr als das Eindringen in ein technisches System. Es ist eine Denkweise.»

Er hat Verständnis dafür, daß vierzehnjährige Jungen, die von ihrem Homecomputer aus einem Großrechner Befehle erteilen, von dem Erlebnis der Macht schwärmen. Er kennt das Gefühl. Bei einer Fahrscheinkontrolle in der U-Bahn holte er mal seinen tragbaren «Texi»-Computer, ohne den er selten ausgeht, aus der Aktentasche. Als der Kontrolleur ihn ansprach, ließ er sich die Dienstnummer geben und tippte sie in den Rechner. Er konnte beobachten, wie der Mann Angst bekam: «Das Gerät sagte ihm nichts, aber er hatte Vorstellungen von der Macht der Computer.

Ich konnte in dieser sozialen Situation – Kontrolleur gegen mich – den Spieß umdrehen.» Aber «viel entscheidender» ist für ihn, «Macht ad absurdum zu führen, nicht, mich als neuen Machthaber hinzustellen». Sein literarisches Vorbild ist deshalb der brave Soldat Schwejk, «ein früher Hacker, der den Militärapparat chaotisierte. Der sorgte zum Beispiel dafür, daß kriegswichtige Güterwagen nach Wien gelangten. Auf die Frage, was das solle, sagte er: Dann werden sie halt dort gebraucht. Ich halte es für sinnvoll, die militärischen Ressourcen für friedliche Zwecke einzusetzen. Das kann man über das Mittel Computer machen.» So hatte Wau aus guter Quelle erfahren, daß Offiziere auf einem Bundeswehrcomputer ihre privaten Geschäfte abwickelten. Die Zweckentfremdung gefiel ihm, «solange sie die Wehrpflichtigen, die dabei helfen, an ihrem Gewinn beteiligen».

Wau und seine Freunde vom Chaos Computer Club kämen nie auf die Idee, Rechner und Datennetze für eine Bedrohung zu halten oder gar zu vernichten, wie die Gruppe CLODO, die um 1980 in Frankreich spektakuläre Brand- und Bombenanschläge auf Rechenzentren verübte. «Technologien muß man nicht bekämpfen, sondern beherrschen», sagt Wau und rät in der «Datenschleuder» allen Lesern dringend zum Bezug der «Unterrichtsblätter der Deutschen Bundespost, Teil B, Fernmeldewesen». Daß die Hakker bei ihren Ausflügen in die Rechnernetze zuweilen eine andere Auffassung von Eigentum zeigen als die Post oder der Vorstand der IBM, steht dazu nicht im Widerspruch. Sie finden es okay, wenn ein Schüler mal die NUI, die Netzkennung, von Siemens oder Karstadt benutzt und diesen Großunternehmen damit die Gebühren für seinen Besuch in einer «Mailbox», einem kostenpflichtigen elektronischen Briefkasten, auferlegt. «Bei NUIs von Konzernen», schreibt die «Datenschleuder», «gehen wir davon aus, daß sie zur Weiterbildung unserer Jugend freigegeben sind.» Die Begründung könnte vom Forschungsminister stammen: «Nur so kann der technologische Rückstand der BRD ein wenig aufgeholt werden.»

Hinter der augenzwinkernden Aufsässigkeit und der Lust am Subversiven steckt kein politisches Motiv. Politik treiben, würde gemeinsames Handeln nach Regeln erfordern, aber das ist den Individualisten am Homecomputer fremd. Wenn Wau und die anderen trotzdem für etwas kämpfen, dann ist es das Recht auf ungehinderte Kommunikation. «Die neuen Technologien», sagt Wau, «sind Bürgersteige, auf denen wir Wegerecht beanspruchen.» Sein Lieblingsdokument ist die Schlußakte von Helsinki, weil sie den freien Informationsaustausch verspricht. Seine Lieblingszahl ist die 23, die der griechischen Göttin Eris zugeordnet wird, der listigen Erfinderin des Zankapfels, die das Chaos des Trojanischen Krieges auslöste. Chaos ist für Wau «etwas Organisches – im Unterschied zu einer Maschine». Und er sagt: «Es führt in dieser Gesellschaft nicht zum Erfolg, wenn man ihr etwas entgegensetzt, was genauso geplant und organisiert ist wie sie selber.»

HEREINSPAZIERT!

Ein Abend in internationalen Netzen

Henning sitzt an der Tastatur und tippt mit zwei Fingern einen Namen ein: «H. Kohl». Auf dem Monitor erscheint in bernsteinfarbener Schrift die Aufforderung, das Paßwort einzugeben. Henning tippt: «Birne». Auf dem Bildschirm leuchten die Zeilen: «Guten Tag, Herr Bundeskanzler. Keine neuen Nachrichten für Sie.» Die Runde um den Computer kichert.

Es ist Freitagabend – Hackerzeit. Henning, Max, Luke und ein paar Freunde sitzen um einen «Apple II», einen der über 400000 Homecomputer, die mittlerweile in bundesdeutschen Wohn- und Kinderzimmern stehen. Dieses Wohnzimmer in einem alten Bürgerhaus nahe der Hamburger Außenalster wirkt allerdings mehr wie ein technisches Studio – mit den Telefonapparaten von drei Amtsleitungen und Nebenstellen, mit Anrufbeantworter und Akustikkoppler, mit Schnelldrucker, Monitoren und Floppylaufwerken. Der Kühlschrank in der Ecke kühlt nicht, sondern bewahrt fünf alte Telefone auf. Und Henning, Max und Luke heißen natürlich auch nicht so, sondern ganz anders.

Die Pseudonyme verwenden sie, wenn sie wie an diesem Abend in ihrer «Mailbox» nachsehen, ob Frank sich von der Software-Messe gemeldet hat oder vielleicht das «Institut für angewandte Datenvernichtung». Die Mailbox, eine Art elektronische Litfaßsäule, steht in Essen. Den Gruß an den Herrn Bundeskanzler hat dort ein Spaßvogel aus Berlin plakatiert. Das «Institut» hat seinen Sitz in Süddeutschland, und die Nachricht von Frank kommt aus Chicago.

Die weite Welt kommt vergleichsweise preiswert auf den Bildschirm. Henning hat per Telefon «Datex-P» angewählt, ein Datennetz, durch das die Nachrichten als «Pakete» gesendet werden. Im PAD, dem «Paketpostamt» des Netzes, sammelt ein Rechner die ankommenden Signale und leitet sie schubweise zum Empfänger weiter. Der Benutzer zahlt nur für die Zeit der Signalübertragung, nicht für die Pausen, die beim Eintippen der Buchstaben auf der Tastatur entstehen, oder für die Zeit des Wartens auf die Antwort. Eine Minute Rechnerverbindung mit den USA kostet deshalb nur rund 30 Pfennig.

Die Hamburger Hacker wollen an diesem Abend einen Mailbox-Dienst der Bundespost erkunden, der unter dem Namen «Telebox» eingerichtet werden soll. Bis das Telebox-System in Mannheim funktioniert, benutzt die Post einen Großrechner in den USA, um ihren Kunden den neuen Dienst zu demonstrieren. Nachdem Henning über Datex-P eine Telefonverbindung mit Mannheim hergestellt hat, meldet sich deshalb auf dem Bildschirm «Primecom Network 18.4E System 52» mit der Aufforderung: «Please sign on» – bitte melden.

Henning tippt: ID DBP 008

Der Rechner fragt: Password

Henning tippt: JONAS

Auf dem Bildschirm erscheint: ITT dialcom computer services 18.4E (52) on at 12:57

Während der ITT-Computer noch ein paar Routineinformationen in Leuchtschrift auf den Bildschirm zeichnet, schaltet Henning seinen Schnelldrucker an, der die über Satellit gesendeten Signale auf Papier festhält. Nach Hennings Befehl MAIL DIS DIR rast die Nadel des Druckers mit einem kreischenden Geräusch über die Papierrolle und erstellt Zeile für Zeile eine Namensliste. Sie beginnt mit «Fritz Müller», einer Telefonnummer in Darmstadt und dem Zusatz «DBP 001» und endet mit «Bob Ryan» und der Telefonnummer von Dialcom in den USA: «301-588-1572». Die 14 Namen und Telefonadressen mit den Kenn-Nummern DBP – Deutsche Bundespost – gehören den «Sys-ops» (System-Operators) von Telebox. Der ITT-Rechner gewährt ihnen während des Probelaufs unbeschränkten Zutritt. Sie können alle vorhandenen Nachrichten lesen, neue Nachrichten einspeichern oder die Paßwörter ändern. Das bedeutet auch: Jeder, der sich mit der richtigen Kennung und dem dazu gehörenden Paßwort meldet, wird vom Rechner als Herr über die Programme angesehen.

Henning könnte jetzt dem ITT-Rechner den Befehl geben, Namen von der Benutzer-Liste zu streichen oder das Paßwort für die Nummer DBP 005 zu ändern. Das hätte zur Folge, daß die Programmierer von der Bundespost Probleme mit dem eigenen System bekämen. Das hieße aber auch, daß der Einbruch der Hacker in das Mail-box-System sofort bemerkt würde. Dann würden die Sys-ops ihrerseits alle Paßwörter ändern, und der geheime Zugang für Henning und seine Freunde wäre verstopft. Die Hacker haben diesen Zugang auf der Messe in Hannover entdeckt, als sie dem Postbeamten Jonas während der Vorstellung des Systems über die Schulter schauten und merkten, daß er die DBP-Nummer 008 als Kennung verwendete und seinen Nachnamen als Paßwort. Seither benutzen sie diesen Zugang für ihre abendlichen Besuche im System und achten sorgsam darauf, keine Spuren zu hinterlassen. «Ich werde nichts tun, was die Post auf den Gedanken bringen könnte, sie hätte ungebetene Besucher», sagt Henning, «wir wollen uns das System nur in Ruhe ansehen.»

Da der ITT-Dialcom die Hamburger Hackerrunde für eine Dienststelle der Deutschen Bundespost hält, liefert er auf Knopfdruck alle Nachrichten, die für DBP 008 hinterlegt wurden. Ein Angestellter der Firma Standard Electric Lorenz, die am Aufbau der Telebox mitarbeitet, schreibt, daß er für den Kollegen Jonas 40 «Versuch accounts» eingerichtet habe: In das Konto 001 «kommen Sie mit Password POS rein». Es folgt die Erläuterung, mit welchen Programmbefehlen die Paßwort-Liste aufzurufen und Paßwörter zu ändern sind. Der Rechner fährt mit der Übertragung von Notizen für 008 fort, aber die Hacker wollen heute abend nichts mehr von den Dienstgeschäften des Herrn Jonas wissen und beenden die Abfrage. Luke, der jahrelang als Systemprogrammierer gearbeitet hat und die Mentalität seiner Kollegen kennt, möchte wetten, daß die ferne Mailbox eine Spielecke hat. Er gibt den Befehl HELP GAMES ein.

ITT-Dialcom antwortet artig: «Can't find ‹games›, do you want a list?»

Dieser Dialog ist einfache Routine im Online-Verkehr. Der Befehl HELP wird von vielen Betriebssystemen mit dem Ausdruck des Programmenüs beantwortet. Die Rechner präsentieren dem Besucher eine Liste ihres Inhalts und liefern Anleitungen für den weiteren Dialog.

Da die Mailbox das Stichwort «Spiele» nicht finden kann, nimmt Luke das Angebot, ein Verzeichnis auszudrucken, mit der Eingabe Y (= yes) an. ITT-Dialcom sendet sein Inhaltsverzeichnis samt einer Liste von Befehlen, die für das Abrufen der einzelnen Programme eingegeben werden müssen. Der Rechner bietet außer dem öffentlichen Mailboxdienst mehrere Kommunikationssysteme an, darunter ein «chat-System» (Konferenzschaltung) und ein «phone message»-System. Außerdem liefert er eine Reihe von Pressediensten, den upi-Börsenbericht, ein Wörterbuch für Rechtschreibung und eine Flugplanauskunft.

Luke gibt seine Wette noch nicht verloren. Wenn die Mailbox nach HELP GAMES nicht fündig wird, dann hilft vielleicht eine andere Standardanfrage. Er tippt INFO GAMES. Der Schnelldrucker beginnt zu schnurren. Die Konstrukteure der Mailbox haben nicht nur eine kleine Spielecke eingerichtet, sie müssen besessen gewesen sein. Der Rechner schickt ein Verzeichnis von 74 Spielen in alphabetischer Reihenfolge – von ADVENTURE, BACKGAMMON, SCHACH über OTHELLO, POKER, RUMMY, VEGAS bis WUMPUS. Die Hacker entscheiden sich für das Angebot CIVIL WAR.

Auf Tastendruck stellt der Rechner die Spielregeln vor. Es gilt, die Schlachten des amerikanischen Bürgerkriegs zu schlagen. Die Mitspieler erhalten Vorgaben zur Truppenstärke, Verpflegung und Kriegskasse und können zwischen Artillerieattacken, Flankenmanövern, Verschanzen und frontalem Angriff wählen. Zum Schluß bestimmt er: «Sie sind die Konföderierten. Viel Glück!!»

Das Spiel beginnt mit der BATTLE OF BULL RUN. Der Rechner verkündet, daß am 21. Juli 1861 der kommandierende Südstaaten-General Beauregard mit seinen Truppen auf die Streitkräfte der Nordstaaten stößt. Die Konföderierten sind 18000 Mann stark und haben 81000 Dollar in der Kasse, die Union bietet 18500 Mann und 83300 Dollar auf. Nun sollen die Hacker beantworten, wieviel Geld sie für Sold und Nahrungsmittel ausgeben wollen. Henning antwortet mit einer sinnlos hohen Summe. Der Rechner mahnt THINK AGAIN! YOU ONLY HAVE $ 81000. Henning besteht auf seiner Eingabe. Der Rechner antwortet: «Die Moral ist schlecht. Sie sind in der Defensive.»

Schließlich schimpft er: «Sie spinnen! Benutzen Sie die Strategiebefehle!!» und sendet schließlich resigniert: «Sie haben Bull Run verloren», um gleich darauf zu behaupten: «Dies ist die Schlacht bei Shiloh, 6. April 1862.»

Diesmal weigert sich Henning, auch nur einen Cent für Munition einzusetzen. Der Rechner mahnt wiederholt eine bessere Kampfmoral an und erklärt schließlich, daß die Konföderierten aufgeben. «Sie haben 0 Schlachten gewonnen und 1 Schlacht verloren», sagt er, «die Union hat den Krieg gewonnen.» Die Hacker finden, daß das Spielergebnis der historischen Vorgabe entspricht und schalten sich in die Abteilung «elektronische Nachrichten» durch. Auf einen Tastendruck liefert der Rechner die dpa-Nachrichten des Tages in englischer Sprache.

Als die Runde um den Apple II sich schließlich auflöst, ist aus dem Freitagabend längst ein Samstagmorgen geworden. Die Hakker werden den Tag über schlafen. Ihre Zeit beginnt erst nach Einbruch der Dunkelheit, wenn die Telefongebühren sinken und die Rechnernetze leer sind. Da das Paßwort JONAS nicht geändert wird, folgen viele lange Nächte vor dem Homecomputer bei schwarzem Kaffee, Bier und Händels Wassermusik. Sie lassen sich vom ITT-Rechner Flugreisen rund um die Welt mit allen Daten und Preisen zusammenstellen, oder sie stöbern in den «Postfächern» der Mailbox. Da gibt es Kleinanzeigen-Märkte für Haustiere, Antiquitäten, Wohnungen, Autos, Mitfahrzentralen oder «miscellaneous» – Vermischtes. Susan aus Dewey Beach, Delaware, vermietet ein Strandhaus mit zwei Schlaf- und Badezimmern für 300 Dollar die Woche. Angestellte der Telefongesellschaft AT&T aus Lincroft, New Jersey, suchen Mitfahrer aus der Gegend Manalapan, Marlboro. Eine Wohngemeinschaft in der Nähe von Rock Creek Park im District of Columbia bietet für 290 Dollar einen Platz an: «Wir suchen nach einem Nichtraucher und wollen keine Haustiere mehr. Es gibt hier schon einen großen Hund.»

Die Hacker stoßen auf Hilferufe ihrer US-Kollegen: «Ich sitze an einem Apple II. Ich weiß nicht, wie ich meinen Drucker zum Laufen bringe, wenn ich über den Schirm eingebe. Nehme jede Hilfe an! Danke, Butterfly.» Sie stoßen auf elektronische Grafitti: «Rock music is fine music.» Und sie stöbern im chat-Programm des Dialcom, in dem Computerfreaks aus den USA Telefonkonferenzen veranstalten. Während es in der Bundesrepublik noch an geeigneten Mailboxen mangelt, können die Hacker in den USA oder in Großbritannien längst ihre Meetings in den öffentlichen Datennetzen abhalten. Das Schwätzchen per Computer verdrängt den Klatsch am Funkgerät auf den CB-Frequenzen. «Compuserve», die größte Mailbox in den USA mit 60000 Abonnenten, bietet 36 Telefonkonferenz-Programme für die unterschiedlichsten Bedürfnisse an. Auf Kanal 17 treffen sich Jugendliche, Erwachsene bevorzugen Kanal 1, und auf Kanal 33 haben sich Homosexuelle ein Eckchen für die Kontaktaufnahme eingerichtet. Eine amerikanische Journalistin beschreibt im Sommer 1984 ihre Spaziergänge durch die chat-Programme:

«Gewöhnlich hüpfe ich auf den Kanälen, bis ich ein interessantes Gespräch finde, in das ich mich einmische, um später vielleicht in den Dialog mit jemandem überzugehen, der intelligent oder unterhaltend ist. Es gibt einen bestimmten Kodex der Umgangsformen. Wenn man auf einem Kanal ankommt, darf man nicht ‹horchen›, das heißt herumlungern und mithören. Es gilt als unhöflich, nicht ‹hallo› zu sagen, wenn man kommt, und ‹tschüß›, wenn man geht. Weil wir unsere Gesprächspartner nicht sehen können, beschreiben wir normalerweise, was wir machen und wie wir uns fühlen. Wenn man mit jemandem sprechen will, kann man zum Beispiel ‹sauer› oder ‹Regenwetter› eingeben. Es empfiehlt sich dringend, auf einen Witz wenigstens mit ‹hahaha› zu reagieren. Einige Online-Freundschaften haben sich zu richtiger Liebe und Ehe entwickelt. Im Frühjahr gab es das Nonplusultra: Eine Online-Trauung zwischen Leuten, die sich auf Compuserve getroffen hatten. Braut und Bräutigam an einem Terminal, der Pastor an einem anderen und Dutzende von Gästen an ihren Terminals – über das ganze Land verstreut. Alle hatten beobachtet, wie sich die Freundschaft über die Monate entwickelte. Der ‹Organist› spielte ‹dadididum› im passenden Moment, der offizielle Trauungsfotograf machte ‹blitz›, und es gab eine Menge ‹seufz› und ‹feuchte Augen› während der Zeremonie. Nachher warfen die Gäste ‹Reis›. . . . Das CB-Netz ist im großen und ganzen eine freundliche Welt von Leuten, die entzückt sind, um zwei Uhr nachts mit Leuten zu quatschen, die 5000 Kilometer weit entfernt sind. Ich habe gemerkt, daß etwas an dem Medium die geduldige Seite in mir ans Licht bringt. Anstatt aufzubrausen wie sonst, argumentiere ich mit Leuten, die mich verletzen. Meistens habe ich eine Entschuldigung erhalten. Vielleicht fühle ich mich an der Tastatur weniger defensiv, man kann mich nicht vergewaltigen oder schlagen. CB ist demokratisch – hier sind wir alle gleich.»

Nach vier Wochen ungestörten Wilderns im ITT-Dialcom ist der Zugang plötzlich gesperrt. Die Post muß was gemerkt haben, die Paßwörter sind geändert, auf die Eingabe JONAS bleibt die Leitung stumm. Henning, Wau und Luke besinnen sich auf ein klassisches Verfahren, das die US-Hacker «social engineering» nennen. Am nächsten Tag erhält einer der Sys-ops bei der Postzentrale in Darmstadt einen Anruf. «Guten Tag», sagt jemand, «mein Name ist Dau von der Firma Standard Electric Lorenz. Wir haben hier aus Versehen den Password overlay zerschossen.» Die halbe Paßwort-Datei, darunter auch das Paßwort für die DBP 003, sei gelöscht. Herr Dau erkundigt sich, welches Paßwort denn jetzt neu eingerichtet werden dürfe. «Viermal das Y», sagt der Sys-op und antwortet auf die Frage, wie eigentlich das alte Paßwort gelautet hätte: «Stefan». So heißt nämlich sein Sohn. Der Mann von der Post hört noch ein «Danke schön, wird erledigt!» und legt wieder auf. In der Wohnung an der Hamburger Außenalster wird ganz lange ganz laut gelacht.

Die Hacker gehen sofort mit Stefan an den Dialcom-Rechner, ändern das Paßwort wunschgemäß in YYYY und spielen wieder mit. Vier Tage später ist das neue Paßwort wieder geändert. Die Post ist vorsichtig geworden, schließlich hat ja ein SEL-Techniker Kenntnis von der Paßwortänderung. Die Hacker denken ein bißchen nach, und probieren rum, und siehe da – mit STEFAN sind sie wieder im Spiel. Das neue Paßwort war nur durch das alte ersetzt worden.

Im Juli 1984 geht die Telebox der Bundespost in den öffentlichen Probelauf. Es dauert nur ein paar Tage, bis die Hacker auch diese Mailbox voll im Griff haben. Es gelingt ihnen, eine Liste der Abonnenten auszudrucken, der Rest ist Routine. Die Büromaschinenfirma Brother International GmbH hat sich für ihr Telebox-Konto die eigenen Initialen als Kennung ausgesucht. Sie meldet sich mit BIG 001 und einem Paßwort. Bereits der erste Versuch glückt: Mit BIG BROTHER kommen die Hacker rein. Als ein Angestellter von Brother kurz darauf die Telebox anwählt, liest er im Protokoll des Rechners, daß die letzte Verbindung nachts um zwei Uhr bestanden hat. Da das kein berechtigter Benutzer gewesen sein kann, alarmiert er die Post, die am 13. Juli einen elektronischen Rundbrief an alle Telebox-Kunden veröffentlicht:

«Betreff: Unberechtigte Zugriffe

Sehr geehrte Probebetriebsteilnehmer von Telebox!

Leider können wir bei der Einführung der Dienstleistung Telebox nicht immer davon ausgehen, daß das System nur in der vorgesehenen Weise benutzt wird.

Das Erschleichen von Leistungen wird mancherorts als Sport angesehen, obwohl es ein strafrechtlicher Tatbestand ist. Wir weisen noch einmal darauf hin, daß die Vertraulichkeit des Paßwortes vom Teilnehmer selbst sicherzustellen ist ... Bitte helfen Sie uns, die Dienstleistung ihrem beabsichtigten Zweck zuzuführen.

Mit freundlichen Grüßen».

Die Telebox-Abonnenten geben sich Mühe, dem Wunsch der

Post zu entsprechen. Aber die harsche Rüge an die Adresse der Hacker erweist sich nicht als besonders klug. Bis zum Ende des Jahres treffen von Zeit zu Zeit und ganz unvorhersehbar seltsame Meldungen auf den Schirmen der Telebox-Kunden ein. Wer das System beherrscht, kann auch «Zeitbomben» legen.

Nach der Telebox, die technisch weit unter dem Standard des US-Vorbildes ITT-Dialcom steht und die nicht einmal ein Konferenzprogramm anbietet, wenden sich die Hacker einem neuen Medium zu. Ab Oktober beginnt, von Pannen begleitet, die Aufnahme des Bildschirmtext-Dienstes der Bundespost. Der Chaos Computer Club ist von Anfang an dabei. Die Hacker stöhnen, wenn der Btx-Rechner Minuten braucht, um eine Seite aufzubauen. Zeile für Zeile entsteht quälend langsam die aufgerufene Graphik- oder Textseite. Der Chaos Computer Club, der in Btx als Anbieter auftritt, nutzt den langsamen Bildaufbau, um den ersten Btx-Film zu gestalten: Während des Seitenaufbaus fällt langsam eine Atombombe auf ein Posthörnchen, während ein UFO namens Chaosmobil über den Monitor-Himmel schwebt.

Anfang Oktober ärgert Steffen sich darüber, daß ein Freund, dem er über Btx eine Nachricht geschickt hat, nichts von sich hören läßt. Er setzt sich an seine Tastatur und schickt dem elektronischen Brief die Mahnung «Antworten!» hinterher. Als der Empfänger darauf sein Btx-Gerät anschaltet und die eingegangene Post liest, blinkt die Mahnung in gelben Buchstaben auf seinem Monitor auf, und außerdem hat Steffen die Hintergrundfarbe in Signalrot umgewandelt. Erst am nächsten Tag, als Steffen und Wau über die kleine Neckerei reden, geht ihnen auf, daß sie etwas Sensationelles entdeckt haben. Bildschirmtext wird von der Bundespost als ein Medium angeboten, mit dem die privaten Haushalte in der Bundesrepublik ihre Bankgeschäfte oder ihre Kaufhausbestellungen vom Wohnzimmersessel aus tätigen sollen. Wer ein Geschäft tätigt, schließt einen Vertrag; wer einen Vertrag schließt, will die Übereinkunft dokumentieren. Im Btx-System wird der Vertrag elektronisch geschlossen, und die Vertragsunterlagen werden elektronisch gespeichert. Wenn ein Kaufhauskunde die braunen Stiefel, Größe 42, für 149 Mark bestellt, aber statt dessen die schwarzen, Größe 40, für 159 Mark zugeschickt bekommt, dann kann er aus seinem Speicher die Bildschirmseite reproduzieren, bei der er auf das Knöpfchen drückte, das heißt, die elektronische Unterschrift leistete. Keiner der Vertragspartner darf in der Lage sein, Veränderungen an abgespeicherten Seiten vorzunehmen. Genau das aber hat Henning mit der abgespeicherten Seite seines Briefpartners gemacht.

Steffen und Wau testen noch einmal die nachträgliche Änderung durch und sind dann sicher: Durch die sogenannten freidefinierten Sonderzeichen auf der Tastatur können 94 Bildpunkte einer Btx-Seite nachträglich geändert werden, also auch Preise oder Daten. Die beiden rufen den Hamburger Datenschutzbeauftragten an, der ihnen zunächst skeptisch zuhört. Daraufhin schreiben sie sein Büro über Btx an: «Liebe Datenschützer, hiermit bestellen wir 1 Exemplar Datenschutzbericht.» Dann bitten sie um zehn Minuten Geduld und ein bißchen Humor. Nach zehn Minuten kommt prompt der Rückruf. Auf der gespeicherten Seite kann die Behörde jetzt lesen: «Liebe Dateischeißer, hiermit bestellen wir 1000 Exemplare Datenschutzbericht.»

Steffen und Wau werden eingeladen, ihre Entdeckung auf einer Konferenz der Landesbeauftragten für Datenschutz vorzutragen. Wenn die Änderungsmöglichkeit im Btx-Programm nicht zu beseitigen ist, taugt das System nicht mehr für den geplanten Zweck.

In der darauffolgenden «Datenschleuder» («Eigendruck im Selbstverlag bei Kunstlicht») rechtfertigt das Chaos-Team die erste Kontaktaufnahme mit Behörden vor seinen Lesern: «Natürlich rennt niemand zur Polizei, wenn er mal parkt, weder auf der Straße noch in Datex. Aber genauso, wie wir die Polizei rufen, wenn auf der Reeperbahn einer abgestochen wird, und wir sehen es, sprechen wir mit den Datenschützern, wenn wir in Btx Mißbrauchsmöglichkeiten finden, die jeden Teilnehmer in den Bankrott treiben können. Ein ganz klein bißchen verstehen wir uns als Robin Data.»

Vier Wochen später hält Wau auf der Fachtagung für Datenschutz und Datensicherheit in Köln ein Gastreferat. Vor den geladenen Experten aus Industrie und Verwaltung zählt er die Mängel auf, die der Chaos Club im Btx-System entdeckt hat. Die Liste ist inzwischen lang geworden, Abhilfe ist nicht in Sicht. «Fehler», sagt Wau, «werden umgangen, statt beseitigt.»

Als Beispiel schildert er den «Systemüberlauf» und fordert die anwesenden Fachleute zum Test auf: «Es geht ganz einfach.» Wenn ein Btx-Anbieter eine Seite erstellen will, zeigt der Rechner die Zahl der freien Zeichen an. Werden alle Zeichen belegt, maximal 1626, sendet der Rechner «Bit-Salat», wie Wau es nennt. Der Chaos Club erhielt auf diese Weise mal die persönlichen Daten eines Teilnehmers aus dem Hessischen, mal Teile einer Versandhaus-Seite, gemischt mit den eigenen eingegebenen Zeichen. Wau schließt daraus: «Irgendwo im System ist immer noch ein harter Fehler. Keiner weiß, wo.» Und er warnt: «Wenn in zwei Jahren oder übermorgen einer rausgefunden hat, wie sich dieser Überschwappeffekt noch erreichen läßt und dann mit gebührenpflichtigen Seiten rumwirbelt, dann könnte irgendwas passieren.»

Nach seinem Vortrag eilt Ministerialdirektor Bodo Frahm von der Bundespost ans Mikrofon und wiegelt ab. Sein Vorredner habe übertrieben und sei fachlich wohl nicht ganz auf der Höhe, Btx sei sicher. Das sagt er am Donnerstag, dem 15. November.

Am Samstag, dem 17., empfängt Steffen vom Btx-Rechner wieder eine unvollständige Seite, nachdem er 1626 Zeichen eingegeben hat. Diesmal ist ein Paßwort zu erkennen, und die übrigen Bruchstücke lassen auf den Inhaber des Paßworts schließen. Es ist die Hamburger Sparkasse. Steffen und Wau bereiten eine Demonstration vor.

Wer das geheime Kennwort eines anderen Btx-Teilnehmers kennt, verfügt auch über dessen Geldbeutel. Er kann in dessen Namen Bestellungen aufgeben oder gebührenpflichtige Seiten aufrufen. Er kann natürlich auch das Paßwort ändern und den Anschlußinhaber so von der Benutzung des eigenen Geräts ausschließen. Steffen und Wau ändern die Kennung der Sparkasse zunächst in «Bankraub» um, damit sie ungestört arbeiten können. Dann schreibt Wau ein Programm, mit dem Seiten automatisch aufgerufen werden können. Dann gehen die beiden mit dem Paßwort «Bankraub» wieder an das Btx-System und lassen den Vorspann u ihrem gebührenpflichtigen «Film» mit dem Chaosmobil und lem Posthörnchen im Drei-Sekunden-Takt aufrufen. Jeder Aufuf macht den Chaos Club um 9,97 Mark reicher und die Hambur;er Sparkasse ärmer. Waus «automatische Spendensammelanage» schafft rund 10000 Mark in der Stunde. Als die Hacker am onntag aufwachen, ist die Hamburger Sparkasse um 135000 Aark erleichtert.

Daß es die Sparkasse trifft, ist Zufall. Der Btx-Rechner hätte nnen auch die Paßwörter von Franz Meier oder Lieschen Müller efern können. Steffen und Wau wollen ja auch nur dokumentieen, daß Btx für den Verbraucher mit unkalkulierbaren Risiken erbunden ist. Am Montagmorgen, als sie im Büro des Hamburer Datenschutzbeauftragten ihre Sammelaktion vorführen, sagt Vau: «Das ist, wie wenn jemand einbricht, in Japan anruft und en Hörer neben die Gabel legt. Dann muß der Anschlußinhaber ie Gebühren zahlen.»

Die Sparkasse kommt glimpflicher davon. Der Chaos Club verichtet auf die 135000 Mark und vermeidet damit auch kompliierte juristische Auseinandersetzungen. Strafrechtlich waren die Iacker ohnehin nicht in Gefahr. Nach dem Staatsvertrag über Btx t der Mißbrauch von Paßwörtern nur eine Ordnungswidrigkeit – ie falsches Parken.

LET THE CHILDREN PLAY

Die ersten Hacker in den USA

Der Blick ins Wörterbuch gibt keinen Aufschluß. Das ehrwürdige Oxford-Dictionary liefert zwei Bedeutungen: *hack* ist ein Mietpferd sowie die Beule, die ein Tritt vor das Schienbein hinterläßt. In der nordamerikanischen Umgangssprache heißt *to hack* auch holzhacken. Das Hacken auf der Tastatur der Computerkonsole, so wird vermutet, habe denn auch den Hackern zu ihrem Namen verholfen. Aber vielleicht hat das Hacken in den Datennetzen doch mehr mit dem Tritt vors Schienbein zu tun, als mancher glaubt, der in die Tasten seines Apple II haut, um anderer Leute Paßwörter zu knacken. Ein *hack* war in der Sprache der Studenten an der US-Elite-Universität Harvard in Cambridge, Massachusetts, ein ganz besonders gelungener Streich, den sie der Universitätsgesellschaft gespielt hatten. Und in Harvard, genauer: am Massachusetts Institute of Technology (MIT), dem berühmtesten technischen Forschungsinstitut der Welt, hat alles angefangen.

Dort auf dem Campus, im zweiten Stock des Hauses Nummer 20 hatte in den fünfziger Jahren eine riesige Modelleisenbahnanlage, gestiftet von der Telefongesellschaft Western Electric, ihren Platz gefunden. Vor allem für die Neulinge am MIT war die Pappmachélandschaft mit dem Gewirr von Gleisen und Signalen und den maßstabgetreuen Lokomotiven und Straßenbahnwagen ein beliebter Treffpunkt. Wer wollte, durfte an der Anlage mitbasteln. Wer mindestens 40 Stunden an der Vervollkommnung des Miniaturdorfs oder des Signalsystems mitgearbeitet hatte, erhielt feierlich einen Schlüssel zum Raum der Anlage und wurde Mitglied im Tech Model Railroad Club. Innerhalb des Clubs gab es zwei Interessengemeinschaften. Die Anhänger der einen bauten möglichst naturgetreue Lokomotiven und Eisenbahnwaggons und sammelten Planskizzen alter Dampflokserien, die Mitglieder der Abteilung «Signale und Strom» waren mit dem Ausbau des immer komplizierter werdenden Schaltsystems beschäftigt. Wem es gelang, bei den Weichen oder in der Steuerzentrale ein ganz besonders gelungenes Bastel-Kunststückchen zu vollführen, der hatte in der Sprache der TMRC-Mitglieder einen *hack* gemacht. Einige, die ihre gesamte Freizeit zwischen den Vorlesungen im Clubraum verbrachten, und die während ihres ganzen Studiums dablieben, wurden von den anderen TMRC-Mitgliedern respektvoll Hacker genannt. Sie waren die «Meister der Streckenführung, Tester der Sicherungen, Herren der Schaltungen», wie es in der «Hacker-Hymne» hieß, die 1959 in den Clubnachrichten veröffentlicht wurde.

Im Frühling dieses Jahres wurde am MIT ein neuer Kursus eingeführt. Professor John McCarthy unterrichtete erstmals auch studentische Anfänger in Programmieren. McCarthy betrieb am MIT einen neuen Wissenschaftszweig, der von vielen seiner Kollegen für die reine Phantasterei gehalten wurde. Er beschäftigte sich mit «künstlicher Intelligenz», mit dem Ziel, einen Computer zu bauen, der lernfähig war. Zu seinen Aufgaben zählte deshalb auch die Verwaltung des MIT-Computerzentrums, das in Haus 26, einen Block vom TMRC entfernt, untergebracht war. Dort stand im Parterre seit Jahren der große IBM704, ein Rechner mit glühenden Vakuumröhren, der fast das ganze klimatisierte Stockwerk ausfüllte. In der ersten Etage konnte Professor McCarthy in diesem Frühjahr eine technische Sensation präsentieren. Dort stand ein Computer, den das Lincoln-Laboratorium, eine militärische Forschungsanstalt, gebaut und benutzt hatte, um ein Computerprogramm für die Lenkung von Raketen zu testen. Da die drei Millionen Dollar teure Maschine ihren Zweck erfüllt hatte, war sie dem MIT geschenkt worden. McCarthy hatte sie unter seine Fittiche genommen und führte sie nun seinen Studenten vor. Vor allem die Hacker vom TMRC waren hingerissen. Der TXO war immer noch ein Ungetüm von Elektronenrechner. Allein die dazugehörige Klimaanlage wog 15 Tonnen. Aber im Vergleich zu der IBM-Maschine wirkte er beinahe zierlich. Denn er war einer der ersten Rechner der Welt, der anstelle von faustgroßen Vakuumröhren mit daumengroßen Transistoren ausgestattet war. Statt der Stapel von Lochkarten, mit denen der IBM 704 gefüttert werden mußte, benötigte der TXO nur ein schmales Papierband. Die Dateneingabe über den Papierstreifen machte es möglich, das laufende Programm zu ändern. Dafür mußte der Operator nicht einmal seinen Platz vor der Computerconsole verlassen. Über einen Lautsprecher unter der Konsole hörte er gleichzeitig die zwitschernden Töne, die der Strom der eingegebenen Daten verursachte. Die Hacker, die sich sofort auf diesen Wundercomputer gestürzt hatten, konnten schon nach kurzer Zeit allein an den Tonfolgen erkennen, welcher Teil des Programms gerade verarbeitet wurde.

Denn seit der Ankunft des TXO hatten die Hacker des Railroad Clubs wichtigeres zu tun, als sich um Gleise und Weichen zu kümmern. Der Club blieb zwar Treffpunkt, aber dort saßen sie nur noch, um auf den Anruf aus Haus 26 zu warten, der ihnen sagte, daß der Rechner jetzt frei sei. Der TXO wurde wie alle Großcomputer jener Zeit 24 Stunden am Tag in Betrieb gehalten, weil Rechenzeit viel Geld kostete und weil das Neustarten des Rechners nach dem Abschalten eine hochkomplizierte Angelegenheit war. Deshalb hatten die Hacker ein Nachrichtensystem eingerichtet, über das sie erfuhren, wann der Rechner unbenutzt blieb. Dann waren sie sofort zur Stelle.

Anfangs war der TXO auch für damalige Verhältnisse ein noch ziemlich langsamer Rechner mit sehr begrenzter Kapazität. Das Lincoln-Laboratorium hatte ihn ausgeschlachtet, bevor es ihn verschenkte, und deshalb faßte der Speicher ganze 4096 Bytes zu je 18 Bits. McCarthy und seine älteren Studenten gingen nun daran, das System auszubauen, und die Hacker vom Railroad Club sahen ihnen dabei über die Schulter. Der TXO erhielt ein Übersetzerprogramm, das die Assembler-Sprache (Symbolsprache aus dreibuchstabigen Abkürzungen, die Rechenbefehle enthalten) in Maschinensprache (binäre Zahlen, Nullen und Einsen) verwandelte. Mit dem Assembler konnten Programme in einfacher symbolischer Form geschrieben werden, die der Rechner dann in Binärzahlen übersetzte. Mit dem so kodierten Programm konnte er dann arbeiten. Außerdem wurde das Betriebssystem des TXO mit einem Programm ausgerüstet, das den Benutzern gestattete, Programmfehler während des Verarbeitungsprozesses zu beseitigen.

So entstand nach und nach ein Gerät, das in der Sprache der heutigen Computerwerbung «benutzerfreundlich» oder «anwenderorientiert» heißen würde. Die Hacker ließen keine Minute dieser Entwicklung aus. Da Professor McCarthy sie gewähren ließ, hockten sie Nacht für Nacht vor den blinkenden Kontrollampen der Konsole, ergründeten das System, begriffen seine Logik und seine Schwächen. Sie begannen, selber Programme zu schreiben, und wie bei der Modelleisenbahn bestand ihr Ehrgeiz darin, die selbstgestellte Aufgabe auf möglichst originelle Weise zu lösen. Über Monate hinweg versuchten sie, wie in einem Wettbewerb, eine Programm-Routine zu schreiben, die aus den Binärzahlen der Maschinensprache die lesbaren Ziffern des Dezimalsystems machte. Wer für eine solche Routine 100 Befehle brauchte, blieb guter Durchschnitt, die wahren Hacker schafften es mit 50 Befehlen. Das Spiel endete erst, als ein Hacker namens Samson die Programmroutine mit 46 Befehlen schrieb und gleichzeitig mathematisch genau bewies, daß eine Steigerung nicht möglich war.

Zur Faszination, die der TXO auf die Jungen vom Railroad Club ausübte, gehörte, daß sie mit so etwas Ernsthaftem wie einem Computer *spielen* konnten. Einer von ihnen schrieb ein Programm, das dem Lautsprecher an der Konsole Töne wie von einer Orgel entlockte. Ein anderer verwandte viel Mühe darauf, in seinem Programm seltsame Zahlenkombinationen unterzubringen, und seine Freunde mußten lange nachdenken, bis sie dahinterkamen, daß er die Geburtsdaten berühmter Komponisten eingebaut hatte. Der neunzehnjährige Bob Wagner, der sich darüber ärgerte, daß sein Mathematikprofessor von ihm verlangte, für die Hausaufgaben eine mechanische Rechenmaschine zu benutzen, kam auf die Idee, ein Programm für das Malnehmen und Teilen zu schreiben. Niemand außer einem Hacker wäre damals auf den Gedanken verfallen, etwas so Kostspieliges wie einen Großcomputer zum Lösen einfacher Rechenaufgaben zu benutzen. Wagner brauchte 3000 Programmzeilen, bis der TXO einwandfrei multiplizierte und das Komma an die richtige Dezimalstelle setzte. Er nannte sein Programm «teurer Tischrechner» und machte seine Hausaufgaben damit. Sein Professor gab ihm dafür eine Null, die schlechteste Zensur. Auch am MIT gab es damals Leute, die Computer für etwas ganz und gar Unsinniges hielten.

Manchmal durften die Hacker aus dem Kursus von Professor McCarthy mit zu IBM. Da standen sie dann vor den gläsernen Trennwänden, hinter denen würdevoll gekleidete, ernsthafte Männer die blinkenden Riesenapparate mit Stapeln von Lochkarten fütterten. Das war eine andere Welt. Da arbeitete eine Priesterschaft in ihrem Heiligtum – ein Schreckensbild für die TXO-Hakker. «Batch processing», das bei IBM damals übliche systematische Verarbeiten von Datenserien, wurde unter Hackern zu einem Begriff für alles Verächtliche. Solche Begegnungen mit der tatsächlichen Welt der Computer verstärkten die Überzeugung, die die Jungen von Haus 26 einte: Der Zugang zu Computern sollte unbegrenzt und frei sein, Informationen sollten allen zur Verfügung stehen. Einer der Hacker, Peter Samson, sagte später: «Der TXO war für uns eine Tür, die du aufmachst, und plötzlich wandelst du durch ein neues Universum.»

Zwei Jahre später, im Sommer 1961, gehörten Peter Samson und Bob Wagner bereits zu der kleinen Gruppe von Systemprogrammierern des TXO. Am Wochenende oder nach den Vorlesungen arbeiteten sie in Professor McCarthys Team für 1,60 Dollar die Stunde und besserten so ihr Taschengeld auf. Um diese Zeit erhielt das MIT-Computerzentrum Zuwachs. Eine junge, aufstrebende Firma mit dem Namen Digital Equipment Company (DEC), die für den TXO bereits Zubehörgeräte produziert hatte, schenkte der Arbeitsgruppe «Künstliche Intelligenz» den Prototyp einer neuen Computerserie mit der Typenbezeichnung PDP-1 (Program Data Processor). Der neue Rechner, der sich von seinen

Vorgängern schon durch den Preis unterschied – er kostete nur noch ganze 120000 Dollar –, wurde als der erste «Minicomputer» bekannt. Er war nur noch so groß wie drei Waschmaschinen. Die Software, die die Herstellerfirma dem Gerät mitgegeben hatte, erwies sich dagegen als völlig unzureichend für die Ansprüche der verwöhnten TXO-Benutzer. Das Betriebssystem mußte verbessert werden. Die Hacker machten sich an die Arbeit. Für ein Sonderhonorar von 500 Dollar schrieben sechs Hacker an einem einzigen Wochenende ein Assembler-Programm, eine Arbeit, deren Bewältigung die Computerindustrie Wochen gekostet hätte.

Nach dieser Pioniertat fühlten sie sich zu recht als die Herren des Computers. Er war ihr Werk. Jack Dennis, Professor McCarthys Verwalter des AI-Labors (AI = Artificial Intelligence = künstliche Intelligenz) gestattete ihnen noch häufiger den Zutritt zum Gerät als früher zum TXO. Sie verbesserten nicht nur das Betriebssystem, sie entwarfen auch eine neue Programmroutine für die Fehlerkorrektur. Schließlich wagten sie sich sogar mit Schraubenzieher und Lötkolben an das Gerät, veränderten sein Aussehen und seine Innereien. Und alles, was Peter Samson, Bob Wagner und seine Freunde am PDP-1 veränderten, war das Ergebnis von Teamarbeit. Niemand von ihnen wäre je auf die Idee gekommen, für einen Verbesserungsvorschlag oder eine neue Problemlösung so etwas wie ein Urheberrecht zu beanspruchen. Das hätte strikt im Gegensatz zu ihrer Auffassung vom Umgang mit Computern gestanden, eine Haltung, die sie selber ironisch «die Hackerethik» nannten.

Das System, das durch ihre Arbeit entstand, war zutiefst anarchistisch. Es ging nicht darum, einen Stapel von Aufgaben der Reihe nach zu erledigen, wie es die IBM-Priester in ihren hellgrauen Flanellanzügen taten. Es ging darum, etwas zu schaffen, was pfiffig und handhabbar war – bis der nächste kam, der es noch besser machte. Peter Samson sagte später: «30 Prozent von dem, was wir machten, taten wir, weil wir es konnten und weil wir es gut konnten, und 60 Prozent machten wir, um etwas zu haben, was auf eine metaphorische Art lebte, was Dinge aus sich heraus tun konnte, wenn wir es fertig hatten. Das ist das Große am Programmieren, der magische Reiz. Wenn du einmal ein Problem gelöst hast, dann ist es für immer gelöst, und es ist ein genaues Bild dessen, was du gewollt hattest.»

Peter Samson erweiterte sein Musikprogramm, das er für den TXO geschrieben hatte. Er ließ aus dem Lautsprecher des Rechners die Orgeltöne einer dreistimmigen Fuge von Johann Sebastian Bach ertönen. Sein Freund Steve Russell, den alle «Slug» nannten, kam als erster auf die Idee, die grafischen Möglichkeiten des Rechners für einen grandiosen *hack* zu nutzen. Durch einen Zufall hatten die Jungen den Algorithmus entdeckt, mit dem sich auf dem Monitor Kreise darstellen ließen. Slug, der ein großer Liebhaber von Science-fiction-Literatur war, gründete die «Studiengruppe für Kriege im Weltall» und schrieb mit Bill Saunders in wenigen Tagen die Programmbefehle für ein Strategiespiel. Zu Beginn des Spiels leuchteten auf dem Bildschirm zwei Raumschiffe auf, jedes mit 31 Torpedos bestückt. Ein paar Leuchtpunkte, die von einem Zufallsgenerator gesteuert waren, stellten die Sterne dar. Die Schiffe konnten durch Knopfdruck bewegt und beschleunigt werden und ihre Torpedos abschießen. Um das Spiel ein bißchen komplizierter zu machen, hatte Slug Russell in den Programmteil für die Torpedos eine Zufallsvariante eingebaut. Nach dem Abfeuern änderten einige plötzlich ihre Richtung und Geschwindigkeit. Slug hielt das für realistisch, weil er meinte, daß es keine perfekt funktionierenden Waffen gebe. Aber die anderen waren damit nicht einverstanden. Eine Waffe sollte perfekt sein – wie das ganze System, an dessen Vervollkommnung sie arbeiteten. Die Zufallsvariante wurde wieder beseitigt. Peter Samson bemängelte außerdem, daß die zufallsgesteuerten Sterne ziellos über den Himmelhintergrund wanderten. Er besorgte sich eine Sternenkarte und programmierte ein komplettes Bild des nächtlichen Himmels mit allen Sternen bis zur fünften Größenordnung. Schließlich kam noch jemand auf den Einfall, die Bewegungen der beiden zigarrenförmigen Raumschiffe durch einen Schwerkraftfaktor zu beeinflussen. Um die Anziehungskraft auch optisch darzustellen, wurde in die Mitte des Bildschirms eine Sonne plaziert.

Das Spiel, das Peter Samson gerne «Duell in der Cassiopeia»

getauft hätte, erhielt durch Mehrheitsbeschluß den Namen «Spacewar» und ging in die Geschichte der Elektronik ein. Es war das erste funktionierende Videospiel. Die Hacker von Haus 26, die keine Sekunde daran dachten, daß ihr Einfall an die Industrie zu verkaufen gewesen wäre, hatten gleich noch eine Idee. Weil das Steuern der Schiffe mit vier Knöpfen auf der Tastatur zu umständlich war, suchten sie im Werkzeugraum des Railroad Clubs nach geeignetem Material und bastelten in einer Stunde zwei hölzerne Steuerboxen mit Plastikknöpfen für die Kommandos. Die Holzkästen schlossen sie an die Konsole an, und der Kampf der Raumschiffe konnte sehr viel schneller geführt werden. Daß sie ganz nebenbei den Joystick erfunden hatten, kam ihnen natürlich nicht in den Sinn.

Kurz darauf versuchten die Hacker, eine Lieblingsidee des AI-Labors zu verwirklichen: den Entwurf eines Schachprogramms. Als der PDP-1 ins Haus gekommen war, hatten sie ihn sofort mit dem TXO im Nachbarraum verkabelt. Dann hatten sie Professor McCarthy erzählt, es sei ihnen endlich gelungen, ein funktionierendes Schachprogramm zu schreiben. McCarthy mußte sich vor den Bildschirm setzen, um die erste Partie zu spielen. Er eröffnete mit dem Königsbauern. Im Nebenraum, vor dem TXO, saß ein Kollege McCarthys, dem die Hacker die gleiche Geschichte erzählt hatten. Als auf dessen Bildschirm der Königsbauer-Zug angezeigt wurde, sagten sie ihm, der Computer habe die Partie eröffnet, und er müsse nun seinen Gegenzug machen. Dieser Gegenzug wurde im PDP-1-Raum begeistert als Computerzug begrüßt. Es dauerte eine ganze Weile, bis McCarthy auffiel, daß die Anzeige der jeweiligen «Computerzüge» auf dem Monitor stockend und zögernd erfolgte. Der Partner konnte keine Maschine sein. Die Hacker freuten sich lange über diesen fast gelungenen Scherz.

Es dauerte noch ein paar Jahre, bis der Traum vom Schachprogramm in Erfüllung ging. Inzwischen war ein Nachfolger des PDP-1, der PDP-6, installiert worden. Er stand im achten Stock eines neuen Hochhauses an der Hauptstraße des Campus, das die Hacker «Tech Square» nannten und in das sie ihren Treffpunkt nach der Ankunft des noch kleineren und noch schnelleren Rechners verlegt hatten. Mehrere Mitarbeiter des AI-Labors hatten zwar schon Schachprogramme erarbeitet, aber sie taugten alle nichts. Erst ein Student namens Richard Greenblatt schaffte den Durchbruch. Er sichtete die vorhandenen Programme, analysierte die Fehler und setzte sich eine Woche lang an den PDP-6. Dann stand das Programm.

Zu dieser Zeit kursierte am MIT eine Studie mit dem Titel «Alchemie und künstliche Intelligenz». Der Autor, ein Wissenschaftler namens Herbert Dreyfus, machte sich in diesem Papier über die im Vergleich zum menschlichen Gehirn lächerlich kleine Speicherkapazität der Großrechner lustig. Unter anderem stand in der Studie, daß kein Computerschachprogramm je gut genug sein würde, um auch nur ein zehnjähriges Kind zu schlagen. Als Greenblatts Programm fertig war, lud das MIT Dreyfus ein, gegen den PDP-6 Schach zu spielen. Es wurde eine denkwürdige Begegnung. Dreyfus spielte immer verzweifelter gegen seine schnell schlechter werdende Stellung an, Greenblatt bediente gelassen den Rechner. Die versammelten Hacker und viele der Wissenschaftler aus dem AI-Labor erlebten, wie Dreyfus schließlich eine Position fand, aus der heraus er die Dame des Computers schlagen konnte. Nur ein einziger Gegenzug konnte die Dame noch retten. Der PDP-6 rechnete eine Weile und fand dann diesen Zug. Danach brach Dreyfus' Spiel zusammen, und der Rechner gewann durch Mattsetzen.

Nach dem Spiel schaute der geschlagene Kritiker völlig verblüfft in die Runde der versammelten MIT-Professoren und Hakker. Niemand jubelte oder applaudierte, niemand zahlte es ihm heim. Peter Samson sagte später: «Warum denn? Wir wußten ja, daß es so ausgehen würde.»

Am MIT war es üblich, daß die universitätseigene Radiostation WTBS stets mehr Tontechniker als studentische Discjockeys hatte. Unter den Technik-Freaks, die sich um den Sender scharten, war Stewart Nelson, der schon im Alter von fünf Jahren sein erstes Detektorradio zusammengebaut hatte. Außer daß er einen Sender auseinandernehmen und wieder zusammenbauen konnte und deshalb den Chefingenieur von WTBS spielte, war Stewart auch ein großer Verehrer des Telefonnetzes der Bell Company. Wenn seine Freunde später nach ihm befragt wurden, erinnerten sie sich alle daran, daß er jeden Telefonapparat, den er in die Finger bekam, erst einmal auseinanderbaute und den Filter entfernte, der die Töne des Wähler-Relais unterdrückte. Dann bastelte er noch ein bißchen daran herum, und hinterher konnte man mit dem Apparat wesentlich schneller die Verbindungen herstellen.

Mit diesen Fähigkeiten stieß Stewart Nelson natürlich auch zu den Hackern vom Tech Model Railroad Club und zu deren abendlichen Treffen am PDP-1. Greenblatt brachte ihm das Programmieren bei, das er im Handumdrehen lernte. Nachdem er Peter Samsons Musikprogramm begriffen hatte, schrieb er die Programmbefehle, die im Lautsprecher des PDP-1 genau jene Frequenzen erzeugten, die die Telefongesellschaft benutzte, um ihre internen Verbindungen zu schalten. Dann bastelte Nelson eine technische Vorrichtung, mit der er die PDP-1-Töne direkt in seinen Telefonhörer eingeben konnte und schuf so die Möglichkeit, kostenlos Ferngespräche zu führen. Er hatte den Computer zu seiner «Blue Box» gemacht. Blue Boxes, das waren kleine, selbstgebastelte Holzkästchen, die ein paar Vakuumröhren und einfache Schaltkreise enthielten. Mit diesen Kästchen erzeugten die Bastler elektrische Schwingungen, genau jene 2600 Hertz, mit denen die Telefongesellschaften die elektromechanischen Relais ihrer Gebührenzähler schalteten. Mit dem Senden eines 2600 Hertz-Tons wurde den Gebührenzählern signalisiert, daß das Gespräch beendet war. Die «Phone Phreaks», wie sie sich nannten, konnten Ferngespräche zum Ortstarif führen, wenn sie zu Beginn der Verbindung mit Hilfe des selbstgebastelten Oszillators das Signal für das Gesprächsende durch die Leitung jagten. Die Kästen hießen Blue Boxes, weil der erste dieser Apparate, der den Fahndern der Bell Company in die Hände fiel, blau lackiert gewesen war.

Zu Anfang der sechziger Jahre war der Gebrauch von Blue Boxes gerade in Mode gekommen. Überall in den USA studierten jugendliche Phone Phreaks die Fachliteratur über das Fernsprechwesen und die Hauszeitschriften der großen Telefongesellschaften. Bauanleitungen wurden von Hand zu Hand weitergereicht oder in Untergrund-Informationsdiensten verbreitet. Die Oszillatoren wurden nach und nach technisch verbessert, mit Transistoren statt mit Röhren bestückt, und bald gab es auch Oszillatoren für alle anderen wichtigen Signale in den Telefonnetzen. Mit «Red Boxes» wurde zum Beispiel das Signal nachgemacht, das der Vermittlungsstelle das Nachwerfen eines Geldstücks in den Münzfernsprecher anzeigte.

Die Hacker vom MIT, für die ein *hack* bis dahin so etwas bedeutet hatte wie ein ganz besonders gelungenes Programm, die intelligente Lösung einer Aufgabe, die das System stellte, nahmen Nelson in ihre Reihen auf. Er hatte ihnen eine neue Verwendungsmöglichkeit für ihren geliebten PDP-1 gezeigt. Jeder von ihnen wußte über die Blue Boxes Bescheid, einige hatten selber schon mit dem Telefonnetz experimentiert. Peter Samson hatte sich in den ersten Monaten seiner Studienzeit am Institut ihren Respekt dadurch erworben, daß er sich unter Verwendung geheimer Codes aus dem geschlossenen MIT-Telefonnetz in die öffentlichen Netze einwählen konnte. Aber die Lust an technischen Experimenten und der Betrug an der Telefongesellschaft waren zwei verschiedene Dinge. Die Hacker-Ethik, die Rechtfertigung für die Mißachtung geschlossener Türen, wurde den neuen Möglichkeiten angepaßt. Sie lautete nun: Man darf überall anrufen, alles versuchen und endlos experimentieren, aber nicht um eines finanziellen Vorteils willen. Der Journalist Steven Levy, der die Geschichte der Hacker recherchierte, beschrieb den kleinen Unterschied: «Nelson verachtete jene Studenten, die Blue Boxes bauten, um die Telefongesellschaften zu betrügen. Nelson und die Hacker glaubten, daß sie der Telefongesellschaft *halfen*.» Sie benutzten nach Herzenslust die Dienstleitungen von Bell oder Western Union, telefonierten durch das ganze Land und betrachteten das als einen Test. Wenn sie auf einen Fehler stießen, meldeten sie ihn der Störungsstelle.

Nur einmal gab es Ärger. Die Telefongesellschaften hatten Anfang der sechziger Jahre die sogenannten «800»-Nummern eingerichtet – Firmenanschlüsse, auf denen die Kunden kostenlos anrufen konnten. Die Hacker machten davon eine Weile eifrig Gebrauch und wählten sich von diesen Nummern aus weiter über den ganzen Kontinent und bis nach England und Italien. Das fiel irgendwann auf. Die Telefongesellschaft stellte Nachforschungen an. Eines Abends platzten dann finster blickende Männer in die Hacker-Runde auf der achten Etage des Tech Square-Gebäudes und verlangten die Herausgabe der Blue Box. Die Hacker zeigten wortlos auf den PDP, und die Besucher zogen resigniert wieder ab, nachdem sie die Verbindung zwischen dem Rechner und der Telefonleitung gekappt hatten.

Eine andere Entwicklung machte den Hackern mehr zu schaffen. Mitte der sechziger Jahre stellte das US-Verteidigungsministerium, das die Computerforschungsprogramme am MIT seit je finanziert hatte, dem AI-Labor mehr Geld zur Verfügung und verlangte dafür ein konkretes Ergebnis. Eine Abteilung im Pentagon mit dem Namen «Advanced Research Projects Agency» (ARPA), die dabei war, ein Datenfernübertragungsnetz (ARPANET) aufzubauen, gab den Auftrag zur Entwicklung von Time-sharing-Programmen. Das Projekt MAC (Multiple Access Computing = Rechner mit mehrfachem Zugang) verhalf dem AI-Labor zu jährlich drei Millionen Dollar aus der US-Haushaltskasse und Samson, Nelson, Greenblatt und den anderen zu gut bezahlten Halbtagsjobs am Institut. Aber die Hackergrundsätze gerieten durch das Forschungsziel in Gefahr. Times-sharing, das hieß: den Besitzanspruch auf den Rechner aufzugeben und die knappe Rechenzeit mit vielen Benutzern teilen zu müssen. Am Ende drohten durch Paßwörter geschützte Speicher und Programme. Für die Leute vom TMRC war, so der Hackerforscher Levy, «eine geschlossene Tür eine Beleidigung, eine verschlossene Tür ein tätlicher Angriff. Paßwörter waren schlimmer als eine verschlossene Tür».

Das Projekt MAC machte unbeirrbar Fortschritte. Der MIT-Professor R. J. Corbato entwickelte ein Betriebssystem, das er CTSS (Compatible Time-sharing System) nannte. Das CTSS war zwar nicht für den geliebten PDP bestimmt, sondern für einen der teuren IBM-Rechner, aber es hatte paßwortgesicherte Zugänge. Wenn ein Hacker an dieser Maschine arbeiten mußte, wurde er über den Schirm aufgefordert, sich zu identifizieren. Die Hacker beantworteten diese Beleidigung damit, daß sie im System unanständige Aufforderungen einspeicherten. Außerdem fanden sie schnell heraus, wie sie auch ohne Paßwörter den Rechner bedienen konnten. Sie ließen gelegentlich eine Liste aller gerade gültigen Paßwörter ausdrucken, nur um zu zeigen, daß sie nach wie vor die Herren der Lage waren. Die Listen wurden dann den Leuten vom Projekt MAC kommentarlos auf die Schreibtische gelegt.

Es sollte noch schlimmer kommen. 1967 beschloß die Projektleitung von MAC, auch den neuen PDP-6 in eine Time-sharing-Maschine umzuwandeln. Als der Plan bekannt wurde, kam es beinahe zu Tätlichkeiten. Ed Fredkin, ein junger MIT-Professor, der damals das Projekt MAC leitete, befürchtete ernsthaft, daß einige der Hacker, mit denen er sonst gut auskam, den Rechner lieber vorher zerstören würden. Deshalb schlug er einen Kompromiß vor. Wenigstens in den Nachtstunden sollte der PDP-6 in gewohnter Weise alleine den Hackern zur Verfügung stehen. Die willigten schließlich zähneknirschend ein, und Greenblatt und Nelson machten sich sofort daran, ein eigenes Betriebssystem zu schreiben, das sie spöttisch «Incompatible Time-sharing System» (ITS) nannten. Mit dem ITS konnten nicht nur mehrere Benutzer gleichzeitig Programme laufen lassen, es gestattete dem einzelnen Benutzer darüber hinaus, mehrere Programme gleichzeitig zu verarbeiten. Vor allem aber hatte es keine geschützten Speicher und folglich keine Paßwörter. Jeder Benutzer hatte unbeschränkten Zutritt zu allen Programmen aller Benutzer.

Dann ließ Greenblatt sich noch etwas einfallen. Die Hacker, die Time-sharing für unmoralisch hielten, hatten ihre Mißachtung wiederholt dadurch zum Ausdruck gebracht, daß sie das CTS-System gezielt zum «Absturz» brachten. Sie fütterten den Rechner einfach solange mit Daten, bis das Betriebssystem versagte und zusammenbrach. Je mehr CTSS gegen diese Sabotage geschützt wurde, um so verbissener wurden die Absturzhacks unternommen. Greenblatt stattete deshalb sein ITS mit einer besonderen Funktion aus. Um sein System abstürzen zu lassen, brauchte der Benutzer nur den Befehl «kill system» einzugeben. Dann blieb der PDP-6 einfach stehen. Diese Befehlstaste wurde ein paarmal von neugierigen Benutzern ausprobiert, und von da ab lief der Rechner ungestört. Das Fehlen jeder Sicherheitsvorkehrung erwies sich als der zuverlässigste Schutz.

Greenblatts Time-sharing-Verfahren war ausgesprochen produktiv. Eine Reihe von Forschungsarbeiten konnten nur deshalb so erfolgreich ausgeführt werden, weil ITS die Teamarbeit begünstigte. Als der PDP-Hersteller Digital Equipment einen neuen Rechner auf den Markt brachte, wurde Greenblatt von der Institutsleitung sogar zu einer nationalen Konferenz über Time-sharing-Standards geschickt, auf der er sein System erläutern konnte. Aber die Mehrheit der dort versammelten Computerexperten lehnte den offenen Zugang zu Rechnern empört ab.

Wie wenig die Denkweise des achten Stocks mit der realen Welt außerhalb des Tech Square übereinstimmte, merkten die Hacker, als in den Jahren 1968 und 1969 die Welle der Anti-Vietnamkriegs-Demonstrationen das MIT erreichte. Für die Kriegsgegner hatte das vom Pentagon finanzierte AI-Labor den Finger mit am Abzug. Die Hacker sahen das ganz anders, der größte Teil von ihnen war schließlich selber gegen den Krieg. Greenblatt hatte sogar einen studentischen Proteststreik organisiert. Sie konnten es nicht fassen, daß die Kommilitonen draußen ihr kleines, anarchistisches Reich für die Bombardierung nordvietnamesischer Bauern mitverantwortlich machten. Sie reagierten hilflos, wenn ihnen in Diskussionen vorgehalten wurde, daß zumindest das Verteidigungsministerium sich etwas dabei dachte, wenn es die Forschung über künstliche Intelligenz finanzierte. Blauäugig, wie sie waren, entging ihnen auch, daß die CIA ein getarntes Büro im Tech Square unterhielt. Greenblatt erfuhr davon erst zehn Jahre nach dem Krieg.

Das war, als er als Mittdreißiger gerade mit geliehenem Geld eine eigene Software-Firma aufgemacht hatte, weil er sich mit den meisten seiner alten Freunde nicht mehr verstand. Nach dem Examen war er wie einige der anderen am MIT geblieben und hatte für das AI-Labor komplizierte Programme und eine neue Computersprache entworfen. Der Hackernachwuchs hatte dem Altmeister dabei ehrfürchtig über die Schulter geschaut, aber nicht mehr seine Grundsätze geteilt. Er hatte noch miterlebt, wie die Hacker-Ethik, der Traum von den unbeschränkten Datennetzen, langsam in Vergessenheit geriet. Die Jüngeren hatten kein Verständnis dafür, daß die wertvolle Arbeit, die in einem Programm steckte, nicht auch einen Handelswert haben sollte. Sie machten Copyright-Vermerke unter ihre Programme. Dann waren auch die alten Freunde der Hacker-Ethik untreu geworden. Peter Samson war mit Stewart Nelson nach San Francisco gegangen, wo sie die Firma Systems Concepts Company gegründet hatten. Slug Russell, der Autor von Spacewar, arbeitete für eine Computerfirma in Boston.

Bevor die letzten Hacker der ersten Generation an die Westküste abwanderten, hatte im achten Stock die Bürokratie gesiegt. Das Verteidigungsministerium hatte das AI-Labor immer heftiger gedrängt, den Zugang zu den Computern genau zu reglementieren. Schließlich hatte es gedroht, das Labor aus dem ARPANET auszuschließen, wenn die Sicherheitsstandards für militärische Netze nicht eingehalten würden. Als der Journalist Steven Levy 1983 den achten Stock besuchte, fand er nur noch einen Vertreter der alten Hacker-Ethik, der zu ihm sagte: «Ich glaube nicht, daß Software jemandem gehören sollte, weil das die ganze menschliche Gesellschaft schädigt. Es verhindert, daß die Menschen den maximalen Nutzen aus der Existenz eines Programms ziehen können.»

BLAUE KISTEN

Die Mitternachtspiraten telefonieren um die Welt

John Draper war ein aufstrebender junger Mann, bis er eines Morgens beim Frühstück in seiner Popcornpackung eine kleine bunte Spielzeugpfeife fand. Er steckte die Pfeife in den Mund, blies kräftig hinein, lauschte dem schrillen Ton und hatte eine Idee.

John Draper hatte sich nach der Schule von der US-Air Force anwerben lassen, um Nachrichtentechniker zu werden. Er war ein ungewöhnlich begabter Bastler, fasziniert von Radiotechnik, Radaranlagen und Übertragungsnetzen. Er lernte mit großem Fleiß in den Ausbildungskursen und verschlang die Handbücher der Radioindustrie und der Telefongesellschaften. Er lernte eine Menge über Amplituden- und Frequenzmodulation, und er wußte natürlich, wie damals, Ende der sechziger Jahre, die US-Telefongesellschaften die Ferngespräche durch ihre Netze steuerten. Er wußte zum Beispiel, daß ein Tonsignal mit 2600 Schwingungen pro Sekunde der Vermittlungsstelle das Ende eines Ferngesprächs anzeigte. Er hatte davon gehört, daß jugendliche Bastler, die sich Phone Phreaks nannten, elektronische Geräte bastelten, die diesen Ton erzeugten, und mit denen sie den Gebührenzähler abschalten konnten. John Draper hatte auch ein gutes Gehör. Die Pfeife, die die Herstellerfirma des Popcorns (Marke: «Cap'n Crunch») der Packung beigelegt hatte, schien genau diese Tonhöhe von 2600 Hertz zu haben. Er ging zum Telefon, wählte einen entfernt wohnenden Freund an, blies in die kleine Pfeife und fand heraus, daß es funktionierte. Der Pfeifton schaltete den Trennungsmechanismus, aber die Leitung blieb offen.

John Draper begann zu experimentieren. Über Jahre hinweg

pfiff er sich in die internationalen Telefonnetze ein, wählte sich, da es nichts kostete, von Land zu Land und baute sich komplizierte Verbindungen rund um den Erdball auf. Er konnte von Kalifornien aus über Tokio nach Indien anrufen, von dort über Griechenland, Südafrika, London nach New York und wieder zurück nach Kalifornien. Die Leitung führte über Telefonmasten, Unterseekabel und per Richtfunk über Satelliten. Wenn er die Leitung über viele Schaltstationen und mehrere Fernsprechsatelliten aufbaute, konnte er seine Stimme, die er auf die Reise um die Welt geschickt hatte, ein paar Sekunden später mit einem anderen Telefonapparat wieder empfangen. Einmal rief er sich mit zwei Telefonen in entgegengesetzter Richtung rund um die Welt selbst an und hörte sich dann mit zwei weiteren Telefonen zu.

Als die US-Air Force John Draper, der sich am Telefon Cap'n Crunch nannte, zur weiteren Ausbildung nach England schickte, telefonierte er von dort kostenlos mit seinen Freunden in der Heimat. Daß er dabei die britische Post oder daheim in Kalifornien die Bell Company um die Gebühren betrog, interessierte ihn wirklich nur am Rande. Ihm ging es nicht um den Vermögensvorteil, wie die Juristen es nennen, ihm ging es um die Erforschung der Telefonnetze. Und nach dem, was er später erzählte, kam er damit ein weites Stück voran. Er entdeckte zum Beispiel den Zugang zu jenen Schaltungen, die von Telefontechnikern zur Unterbrechung von Gesprächen in Notfällen eingerichtet waren. Nach seinen Angaben bediente er sich solcher internen Schaltungen, um in Telefongespräche des Weißen Hauses, des FBI und des Verteidigungsministeriums reinzuhorchen. Außerdem war es ihm gelungen, über eine Schaltung in Alaska in das militärische Kommunikationssystem AUTOVON einzudringen und im Telefonverkehr zwischen den US-Militärbasen in den NATO-Ländern herumzustöbern.

Bei dieser spannenden Forschertätigkeit blieb Draper nicht lange einsam. Bei den Spaziergängen durch die Netze stieß er auf Gleichgesinnte. Phone Phreaks gab es viele in den USA, und man traf sich zu verabredeten Zeiten, zum Beispiel in einer nicht mehr benutzten Fernschreibleitung, die für eine Versuchseinrichtung in

Vancouver, Kanada, installiert und dann vergessen worden war. Phreaks wählten sich über den regionalen Code 604 und die Nummer 2111 in diese Leitung ein und befanden sich in einer Konferenzschaltung. Manchmal versuchten mehrere hundert Phreaks, auf dieser Leitung gleichzeitig zu reden. Im Bewußtsein der Macht über die Technik wuchs ganz offenbar auch das Selbstvertrauen. Die Phreaks verbanden sich mit Gesprächspartnern, die sie als gewöhnliche Telefonkunden wohl niemals angerufen hätten. In San Francisco gab es um diese Zeit einen kleinen Kreis von Blue Box-Besitzern, deren Anführer den Kommandanten einer US-Atombomberstaffel sowie einen sowjetischen Armeegeneral ans Telefon holte. Danach wählte er auch das Büro des US-Präsidenten an und verlangte, ihn zu sprechen. Erst als er mit Hilfe eines Homecomputers in die militärischen Datennetze eindrang und beinahe einen Luftalarm verursachte, verfolgte das FBI seine Spur und benachrichtigte die zuständige Staatsanwaltschaft. Das Strafverfahren wurde jedoch eingestellt, weil die Phreaks ihre elektronische Ausrüstung der Polizei auslieferten und versprachen, in Zukunft nicht mehr beim großen Telefonspiel dabeizusein.

Phone Phreaking nahm die Ausmaße einer Bewegung an, seit im Jahre 1967 die Hauszeitschrift der größten Telefongesellschaft, das Bell Telephone Journal, in einem Artikel beschrieben hatte, wie die Netze durch Signale geschaltet wurden und welche Frequenzen dazu benutzt wurden. Die «Yippies», die Blumenkinder der Youth International Party, sorgten für die Verbreitung von Selbstbau-Anleitungen für das notwendige elektronische Zubehör. Ihre Zeitschriften «The Party Line» und «Ramparts» beschrieben ausführlich die jeweils neuesten technischen Erfindungen. Daraufhin wurden auch die Reporter der Massenmedien neugierig. Reporter des Magazins «Esquire» machten Cap'n Crunch ausfindig und veröffentlichten im Oktober 1971 ein Interview mit ihm.

John Draper erzählte in diesem Interview, was er konnte und was ihm schon gelungen war, und er versuchte, seine Motive klarzumachen: «Ich bin dabei, etwas über das System zu lernen. Die

Telefongesellschaft ist ein System. Ein Computer ist ein System. Verstehen Sie das? Wenn ich tue, was ich tue, dann nur, um das System zu erforschen. Eine Telefongesellschaft ist nichts als ein Computer.»

So hatten die Hacker vom MIT ein Jahrzehnt zuvor auch schon gedacht, aber sie hatten es vermieden, die Behörden herauszufordern. Mittlerweile stöhnten die Telefongesellschaften über die wachsende Zahl der Hacker in ihren Netzen und riefen nach Strafverfolgung. Nach Cap'n Crunchs Interview hatte die Bewegung einen Helden und das FBI eine Adresse. Draper wurde überwacht, sein Telefon wurde angezapft. Als er ein paar Monate später von seiner Wohnung aus mit einer Blue Box telefonierte, drangen Polizeibeamte ein. Er hatte sich gerade nach Sydney in Australien durchgewählt, wo er die Rangliste der Schlagerparade von einer automatischen Ansage abfragte. Draper wurde wegen Telefon-Betrugs vor ein Bundesgericht gestellt. Er erhielt eine Geldstrafe von 1000 Dollar sowie eine Gefängnisstrafe, die für fünf Jahre zur Bewährung ausgesetzt wurde.

Der Richter entließ Cap'n Crunch mit der Ankündigung, daß im Wiederholungsfall die Strafe noch höher ausfallen würde. Die US-Justiz war zu jener Zeit über das Anwachsen der Hacker-Bewegung sehr beunruhigt. Die Telefongesellschaft AT&T berichtete später dem Kongreß, daß sie in den Jahren zwischen 1965 und 1970 insgesamt 30 Millionen Telefongespräche überprüft habe, daß dabei zwei Millionen Gespräche teilweise oder vollständig mitgeschnitten worden seien, um Telefonhacker dingfest zu machen. In mehr als 25000 Fällen hatten sie den Mißbrauch ihres Netzes nachweisen können. In mehreren hundert Fällen waren die Staatsanwälte tätig geworden. In 270 Fällen waren die Täter verurteilt worden, weit über 1000 Blue Boxes waren beschlagnahmt worden. Straflos ausgegangen war zum Beispiel Joe Engressia, ein blinder Junge, der die erforderlichen Frequenzen so perfekt pfiff, daß er sich ohne jede elektronische Hilfe seine Verbindungen schalten konnte. Die Bell Company gab ihm einen Job, nachdem sie ihn beim Hacken erwischt hatte.

Cap'n Crunch hielt sich eine ganze Weile an die Bewährungsauflage. Er lernte Programmieren und hatte bald Kontakt zu den Computer-Hackern, die sich in kleinen Zirkeln rund um Silicon Valley, dem aufstrebenden Zentrum der Computerindustrie, zusammengefunden hatten. Sie trafen sich abends in Bastelkellern, handelten mit Bauanleitungen und Computerchips und tauschten die Telefonnummern und Paßwörter von Rechnern aus. Draper wurde dort mit offenen Armen aufgenommen, war er doch seit dem «Esquire»-Interview ein bewunderter Mann. An einem dieser Abende traf er dort einen 22jährigen Hacker namens Stephen Wozniak. Woz, wie ihn seine Freunde nannten, hatte seine Blue Box-Zeit schon hinter sich. Er hatte nach ein paar Semestern Ingenieurstudium an der Universität in Berkeley eine Weile vom Bau und Verkauf von Blue Boxes gelebt, mit denen er sich nachts durch die Netze schaltete. Einmal hatte er im Vatikan angerufen und den Papst zu sprechen verlangt. Es hatte beinahe geklappt, denn er hatte gesagt, er sei Henry Kissinger. Woz, der jetzt tagsüber für die Computerfirma Hewlett Packard arbeitete und abends in der Hacker-Szene Chips tauschte, brachte Cap'n Crunch auf den neuesten Stand: Man mußte Computerfachmann sein, um das Phone Hacking voranzutreiben. Die Szene bastelte Interfaces, Anschlußstellen für das Telefon am Computer. Auf der «Westcom», einer Computerausstellung, entdeckte Woz um diese Zeit, daß neue Microprozessoren mit der Typenbezeichnung 6502 für nur 20 Dollar das Stück im Handel waren. Er kaufte eine Handvoll und nahm sich vor, sie für den Computer zu verwenden, den er neben seiner Arbeit bei Hewlett Packard entwarf.

Dieser Computer, an dem noch sein Freund Steve Jobs mitbaute, wurde dann auch fertig und von den beiden über Kleinanzeigen für 666,66 Dollar verkauft. Sie nannten ihn «The Apple». Schon während sie die ersten Geräte absetzten, begann Stephen Wozniak, ein neues, verbessertes Gerät unter Verwendung der 6502-Chips zu entwerfen. Diesen Computer wollten sie Apple II taufen.

John Draper lernte viel dazu. Er revanchierte sich, indem er hin und wieder den Freunden Tips für den Bau der Interfaces und Modems gab. Manchmal half er auch, eine Blue Box zu reparieren

– eine riskante Sache, weil es ihn die Bewährung kosten konnte. Der Richter hatte ihm im Urteil verboten, seine Kenntnisse weiterzugeben. Aber wenn ihn jemand, der ihn ganz offensichtlich bewunderte, um einen solchen Gefallen bat, konnte er nicht widerstehen. Das wurde ihm zum Verhängnis.

Kurz vor Ablauf seiner Bewährungsfrist suchte ihn eines Tages ein Freund auf und bat ihn, eine Blue Box zu reparieren. Als das Gerät fertig war, bestand dieser Freund darauf, es auszuprobieren. Die beiden gingen in eine Telefonzelle und wählten eine Nummer in Pennsylvania. Nach der Darstellung von Draper drückte der Freund ihm den Hörer in die Hand, als der Anschluß zustande gekommen war. Im selben Augenblick traten FBI-Beamte dazu und verhafteten die beiden. Draper erfuhr hinterher, daß die Falle gut geplant war. Das FBI hatte an diesem Tag alle Telefonzellen im großen Umkreis um seine Wohnung beschattet. Das FBI hatte zwei Gründe, Draper zu schnappen. Eine neue Verurteilung würde eine neue Bewährungsfrist mit strengen Auflagen nach sich ziehen, und man würde den Anführer der Phone Phreaks leichter unter Kontrolle haben. Außerdem hatte Draper die Behörde mit seinen öffentlichen Prahlereien über sein Abhören und die Einbrüche im Militärnetz AUTOVON wohl zu sehr gereizt. Er kam vor den gleichen Richter, erhielt wieder eine Gefängnisstrafe, die für fünf Jahre zur Bewährung ausgesetzt wurde, mußte aber diesmal wegen der ersten Verurteilung für vier Monate ins Gefängnis. Vor Gericht hatte John Draper sich vergeblich mit dem Argument zu verteidigen versucht, Phone Phreaks schützten die Gesellschaft, weil sie die Telefongesellschaften und die staatlichen Nachrichtendienste zur Einhaltung der Regeln zwängen. Sie fänden die Sicherheitslücken, könnten die Öffentlichkeit darauf aufmerksam machen und so verhindern, daß sie mißbraucht würden. Der Richter hielt ihm entgegen: «Sie sind jetzt 32 Jahre alt und erwachsen. Ihr Verhalten ist mit Ihrer Intelligenz nicht zu vereinbaren. Wenn mehr und mehr Menschen Blue Boxes benutzen, dann werden die anderen, legalen Telefonbenutzer entschieden höhere Gebühren zahlen müssen. Aus diesem Grund beurteile ich Ihre Tat ernster als andere.»

Der Ruf nach Ruhe und Ordnung in den Netzen hatte seit Drapers erster Verurteilung zugenommen. AT&T beklagten mittlerweile einen jährlichen Schaden von 27 Millionen Dollar durch die Phone Phreaks. Der Schaden entstand nicht mehr nur durch die Jugendlichen. Viele Geschäftsleute hatten angefangen, ihre Betriebskosten durch die Verwendung von Blue Boxes zu senken. Darunter war auch der international berüchtigte Finanzmakler Bernie Cornfeld, dem die Bundesbehörden bei seinen geschäftlichen Transaktionen keine Gesetzesverstöße nachweisen konnten. Aber 1976 schnappten sie ihn und steckten ihn für drei Monate ins Gefängnis, weil er mit einer Blue Box nachweislich 344 Überseegespräche im Wert von 7000 Dollar geführt hatte.

Draper kam in das Gefängnis von Lompoc, Kalifornien, wo er von den Mitgefangenen sofort bedrängt wurde, seine Tricks preiszugeben. Er tat es, aber er erzählte so viele technische Einzelheiten, daß damit niemand etwas anfangen konnte. Zum Trost frisierte er mit einer Nagelfeile ein UKW-Radio in einen Empfänger für den Sprechfunkverkehr der Gefängniswächter um.

Als John Draper aus dem Gefängnis freikam und wieder an den Gruppenabenden der Selbstbau-Hacker auftauchte, hatte sich dort einiges verändert. Wozniak hatte, gedrängt von Jobs, schließlich der Gründung einer eigenen Firma zum Bau und Vertrieb seines Apple II zugestimmt. Er hatte einsehen müssen, daß er anders seinen Traum, eine perfekte Hacker-Maschine zu bauen, nicht verwirklichen konnte. Als er an den Entwurf des Apple II gegangen war, hatte er die Leute von Hewlett Packard gefragt, ob sie nicht die Entwicklung seiner Maschine in ihr Programm aufnehmen wollten. Hewlett Packard hatte abgewinkt, der junge Woz, der bei ihnen in T-Shirt und Jeans, meistens barfuß und mit schulterlangen Haaren auftauchte, war ihnen wohl nicht seriös genug. Er hatte ja nicht einmal ein Examen. Jobs hatte dann ein paar Freunde aus der Halbleiterindustrie zusammengetrommelt, junge Kaufleute und Ingenieure, die an dem Apple II-Projekt interessiert waren und wußten, wie man Material einkauft und Vertriebswege organisiert. Im Frühjahr 1977 war die Firma gegründet worden, die sofort damit begann, den erfolgreichsten Homecomputer der Welt zu bauen. Fünf Jahre später machte das Unternehmen einen Umsatz von mehr als einer Milliarde Dollar.

Draper stieß im Sommer 1977 dazu. Er brauchte dringend einen Job, und Woz engagierte ihn als Berater. In den folgenden Monaten konstruierte Draper ein Interface für den Anschluß des Apple II ans Telefon. Was dabei herauskam, war mehr als nur das geplante Interface – es wurde eine computergesteuerte Blue Box. Draper hatte ein Programm geschrieben, mit dem der Rechner die Schaltsignale für das Telefonnetz senden konnte. Als die ordentlichen Kaufleute in der Firmenleitung dahinterkamen, stoppten sie sofort das Projekt. Sie wollten keinen Computer verkaufen, der vom FBI beschlagnahmt worden wäre.

Draper stieg aus der Firma wieder aus, nahm sich eines der neuen Geräte mit nach Hause und baute sein Telefon-Interface ein. Dann schrieb er ein Programm, mit dem er den Rechner selbständig Telefonanschlüsse wählen lassen konnte. In den folgenden Wochen ließ Draper den Apple II Tag und Nacht telefonieren, 150 Anrufe pro Stunde. Wenn sich am anderen Ende der Leitung keine menschliche Stimme, sondern der Piepton eines Computers meldete, wurde die Nummer gespeichert. So entstand eine komplette Liste aller an das Telefonnetz angeschlossenen Rechner im Umkreis von Los Angeles und dem Sillicon Valley. Vor Gericht sagte er später, er habe diese Telefonnummern einfach nur sammeln wollen.

Sein Programm sammelte aber nicht nur die Telefonanschlüsse anderer Rechner, sondern zeichnete auch alle «Watsextenders»-Nummern auf. Das waren jene 800-Nummern, mit denen Firmenkunden kostenlos Ferngespräche führen konnten. «Das war», schrieb Hacker-Forscher Levy, «der unglückverheißende Anfang einer neuen Ära des Telefon-Hacking mit Personal-Computern.»

Cap'n Crunch war entgangen, daß AT&T inzwischen ein elektronisches Spürgerät entwickelt hatte, mit dem die Telefongesellschaften den Phone Phreaks die Benutzung von Blue Boxes nachweisen konnten. Als der Apple II seine Anrufserien startete, ging dem Aufzeichnungsgerät bei der Telefongesellschaft bald das Papier aus. Drapers Programm machte 25000 Anrufe in der Woche.

Das FBI sah dieser verblüffenden Tätigkeit zwei Tage lang am Protokolliergerät der Telefongesellschaft zu und besorgte sich dann einen Hausdurchsuchungsbefehl. Cap'n Crunch wurde festgenommen, als er gerade im Begriff war, zu einem Gipfeltreffen der Phone Phreaks an der Ostküste zu reisen, wo er sein neues, automatisches System vorstellen wollte. Die Ermittlungen der Staatsanwaltschaft dauerten fast ein Jahr lang. Dann wurde Anklage wegen fortgesetzten Telefonbetrugs erhoben. Draper bekannte sich schuldig und wurde zu einem Jahr Gefängnis verurteilt.

In der Zeit vor dem Urteil lebte Draper in einer anderen Stadt und beriet Geschäftsleute, wie sie legal ihre Telefonrechnungen senken konnten. Manchmal telefonierte er mit Joe Engressia, dem «Pfeifer», der ihn einmal fragte, wie er sich fühle – so ganz allein gegen die große Bell Company. «Na ja», sagte Cap'n Crunch, «manchmal ist es lästig, aber irgend jemand muß es machen.»

Noch vor seinem Prozeß erschien ein Zeitungsartikel, der die merkwürdigen Beobachtungen einiger Phone Phreaks schilderte. Sie hatten eine Telefonnummer in Iowa ausfindig gemacht, von der aus das Durchwählen zu einer zweiten Nummer möglich war. Am Ende der Kette entstand eine Schaltung, mit der man die örtlichen Telefongespräche abhören konnte. Die zuständige Aufsichtsbehörde bestritt, daß es sich um eine absichtlich installierte Abhöreinrichtung handelte. Draper probierte die Einrichtung aus und verfaßte darüber einen Bericht für den Kongreßabgeordneten seines Wahlkreises, aber nichts passierte. Cap'n Crunch verschwand wieder im Gefängnis und der letzte, der von ihm hörte, war Donn D. Parker, Autor mehrerer Bücher über Computerkriminalität. Ihm schrieb Cap'n Crunch aus der Haft, daß nun eingetreten sei, was er befürchtet habe. Seine Mithäftlinge, Angehörige gut organisierter Verbrecherringe, hatten ihn gezwungen, seine Geheimnisse preiszugeben.

Mit Cap'n Crunchs dritter Verurteilung ging die goldene Zeit der Amateure zu Ende. Nach zwei Jahrzehnten Phone Phreaking hatten die Telefongesellschaften die Herausforderung angenommen und einen technischen K.-o.-Sieg gelandet. Die Blue Boxes waren dem elektronischen Spürgerät in den Vermittlungsstellen der Netze nicht mehr gewachsen. Wer heute in den USA eine Blue Box benutzt, trifft bestenfalls auf eine Schaltung, die automatisch ein Tonband in Gang setzt. Eine Stimme klärt ihn über das Illegale seines Tuns auf, warnt ihn vor der Fortsetzung und kündigt an, daß dieser Anruf mit normaler Gebühr belegt ist.

Nach der Statistik von AT&T liefen die Phone Phreaks im Jahr 1977 gegen die Mauer. Es gab 1093 Verhaftungen und 879 Strafurteile, die meisten wegen der Verwendung von Blue Boxes. Danach ebbte die Welle ab. Bell Telephone hat heute über 70 zentrale Kontrollstellen in den US-Netzen installiert. Jeder Schaltkreis für die elektronische Suche nach Telefon-Mißbrauchern kann 7000 Abfragen pro Tag leisten. Techniker sind dabei, das System zu vervollkommnen. In Zukunft sollen die Signale für den Gebührennachweis über gesonderte Schaltkreise gesendet werden. Donn B. Parker sagt dazu: «Das wird endgültig die bekannten Methoden des Phone Phreaking mattsetzen. Aber der Aufstand des einzelnen wird dadurch nicht beendet sein. Er wird sich nur auf eine höhere technische Ebene verlagern. Was immer der Mensch schützen kann, kann ein anderer durchbrechen. Die letzte Lösung liegt woanders.»

CHESHIRE CATALYST

Der Tastenteufel

Am Eingang zum Konferenzraum «Orion I» im Frankfurter Sheraton-Hotel hängt ein handgemalter Zettel: «Eintritt zehn Dollar. Mit amtlichem Ausweis acht Dollar. Mit gefälschtem amtlichen Ausweis sieben Dollar.» Hinter der mahagonigetäfelten Tür geht es beinahe genauso zu wie bei einem der sonst hier üblichen geschäftlichen Treffen – Stöße von fotokopierten Papieren, Schautafeln an den Wänden, halbvolle Kaffeetassen, verbindlicher Umgangston. Etwa zwei Dutzend Leute haben sich an diesem Samstagnachmittag im April hier versammelt, angereist aus Stuttgart, München, Berlin oder Hamburg. Sie sind einer kleinen Notiz in der «taz» gefolgt, die das «erste Hackertreffen Westeuropas» angekündigt hatte. Vor allem aber sind sie gekommen, weil die «taz» gemeldet hatte, daß Cheshire Catalyst dabei sein werde.

«Hackito ergo sum» – Ich hacke, also bin ich –, steht auf dem Käppi des schlaksigen Mannes aus New York mit dem schwarzen Vollbart, der mit seinen 28 Jahren schon so etwas wie eine Legende ist. Wo er öffentlich auftritt, ist die Presse nicht weit. Der «Spiegel» hat ihn im Herbst 1983 zum Gespräch gebeten. Cheshire ist natürlich nicht sein richtiger Name und, wie eine US-Zeitschrift einmal schrieb, «nicht einmal sein richtiges Pseudonym». Seine New Yorker Anschrift ist nur Freunden bekannt. Wer mit ihm in Kontakt treten will, schreibt an ein Büro: Room 603, 147 West 42 St., New York 10036. Wer dem Brief eine 10-Dollar-Note beilegt, erhält die letzten sechs Ausgaben von «TAP News Letter». TAP steht für Technology Assistence Program (Programm für technischen Beistand) und ist selbstverständlich hintersinnig.

«To tap» heißt im Englischen «anzapfen», und damit ist nicht das Anzapfen von Bierfässern gemeint. TAP, ein Faltblatt von der Machart einer Schülerzeitung, gehört in den USA längst zu den altehrwürdigen Blättern der Gegenkultur. Als es 1971 von Abby Hoffman gegründet wurde, hieß es noch YIPPL und war Mitteilungsblatt der «Youth International Party», der Yippies. Aber mit dem Ende des Vietnamkriegs sank das Interesse an Politik, die Phone Phreaks nahmen sich des Blattes an und erklärten ihren Lesern für 50 Cents pro Ausgabe, wie man der Telefongesellschaft Bell Company preiswerte Ferngespräche abtrotzen kann. Seit Ende der 70er Jahre ist Cheshire Herausgeber und Redakteur des Blattes.

Zum Hacker ist Cheshire Catalyst auf Umwegen geworden. 1959 erhielt seine Schule in New York einen kleinen IBM-Computer. Cheshire hatte gehört, daß dieser Computer Bilder von Snoopy, dem Beagle aus der Peanut-Serie, zeichnen könne. Er bat darum, das einmal ausprobieren zu dürfen, aber der Sechzehnjährige erhielt eine Abfuhr. Der Computer sei nur etwas für Mathematikstudenten, hieß es. «Das», sagt er heute, «war die erste große IBM-Lüge, die ich durchschaute.»

Cheshire freundete sich mit dem Lehrer an, der den Schul-Computer verwaltete, und lernte Programmiersprachen. Aber sein Interesse galt zunächst dem Telefon. Wie viele seiner Altersgenossen hatte er bald heraus, wie man mit Hilfe einer Blue Box ins Fernsprechnetz gelangt, ohne zu zahlen, sich von Knotenpunkt zu Knotenpunkt wählt, eine Leitung um die ganze Welt aufbaut, um dann mit dem Mädchen von nebenan zu telefonieren. Eines Tages machte er bei seinen Erkundigungen durch das Telefonnetz die Entdeckung, daß es in New York einen Zugang zum Telexnetz gab, obwohl die Telefongesellschaft Bell diese Querverbindung immer bestritten hatte. Von da an setzte Cheshire über die Netze von RCA, ITT und Western Union Fernschreiben in die ganze Welt ab. Er wählte Schiffe auf hoher See an und fand immer einen Matrosen, der sich auf Wache langweilte und zu einer Plauderei via Satellit zu überreden war. Oder er überraschte Teilnehmer in Australien mit freundlichen Grüßen vom East River. Die hervorragende Kenntnis der internationalen Telexnetze verhalf ihm auch zu seinem ersten Job bei der New Yorker Republic National Bank. Im Herbst 1982 vertraute er dem Reporter Douglas Colligan an, daß sein Arbeitgeber offiziell von seiner Feierabendbeschäftigung nichts wisse, inoffiziell jedoch das Hacken gern in Kauf nehme, da die Bank von seinen Kenntnissen ja profitiere. Nach der Veröffentlichung dieses Interviews in der Zeitschrift «Technology Illustrated» wurde Cheshire gefeuert, obwohl er den Namen seines Arbeitgebers gar nicht genannt hatte. Seither verdient Cheshire sein Geld als freiberuflicher Berater von Computerfirmen.

Aus dem Spiel mit Fernschreibleitungen und Homecomputern ist längst eine Besessenheit geworden. Jede freie Minute sitzt er am Keyboard seines Apple II, immer auf der Suche nach einem Rechner, der bereit ist, sein Innerstes preiszugeben, wenn Cheshire nur das richtige Codewort findet. Den Vollbart läßt er wuchern, weil er es für ganz unsinnig hält, täglich zehn Minuten aufs Rasieren zu verschwenden. Einmal in der Woche trifft Cheshire sich mit seinen Freunden, um an der nächsten Ausgabe von TAP zu arbeiten. Alle, die sich da versammeln, schreiben ihre Artikel unter einem Pseudonym. Sie heißen «Dr. Atomic», «Al Mundy», «The Wizzard» oder einfach «der Professor». Die meisten von ihnen haben auch beruflich mit Computertechnologie zu tun. «VAX-man» ist Programmierer, der Archivar ist Systemanalytiker, und einer, der nicht einmal ein Pseudonym angeben will, gehört zum mittleren Management einer Rüstungsfirma.

Was an solchen Freitagabenden geschwatzt wird, steht dann in der nächsten Nummer von TAP: Wie man in Connecticut unter Umgehung des Gebührenzählers Ferngespräche führt, wie das militärische Telefonnetz AUTOVON auch von Zivilisten zu benutzen ist oder wie man sich durch geschicktes Wählen einer jener «800»-Nummern bedienen kann, die «toll-free» (gebührenfrei)-Verbindungen im ganzen Land ermöglichen. Solche Tips kann keine Redaktion recherchieren. Alle Informationen kommen von den Abonnenten und werden über TAP nur weitergereicht – ein Geschäft auf Gegenseitigkeit. «Alle diese Informationen sind doch irgendwo öffentlich bekannt», sagt Cheshire, «wir geben nur die Kenntnisse weiter, von denen Bell nicht will, daß du sie erfährst.»

Cheshire achtet dann darauf, daß nach der Veröffentlichung nicht der Staatsanwalt kommt. Dem «Spiegel» sagte er: «Wir sind eine ganz kleine seriöse amerikanische Firma. Wir schreiben nur, was die Kids *nicht* tun sollen, und zwar ganz detailliert. ‹Ihr sollt *nicht* einen 2,4-Kiloohm-Widerstand parallelschalten mit einem 0,3-Mikrofarad-Kondensator und es in dieser Form an die Telefonleitung anschließen. Das wäre nicht erlaubt.›» Mögen Gesetzeshüter und Hausjuristen der Telefongesellschaften auch darüber nachdenken, ob diese Form von Hinweisen nicht eine besonders nachdrückliche Aufforderung zum Regelverstoß darstellt – Cheshire beharrt darauf, «immer streng auf der Seite des Gesetzes» zu sein. Er hat sich für «the light side» – die helle Seite – des Hackens entschieden. Er erforscht Computersysteme, um mit ihnen zu kommunizieren, nicht um sie zu zerstören. Crashen lehnt er ab. Das schließt aber ein bißchen Katz-und-Maus-Spielen mit der Obrigkeit nicht aus. Eines Tages bemerkte er, daß ein mysteriöser Computerbenutzer in Quantico, Virginia, immer wieder in einer Mailbox auftauchte, um dort offensichtlich zu spionieren. Der Unbekannte las die Post, die einging, hinterließ aber nie selber eine Botschaft. Da Cheshire wußte, daß das FBI in Quantico Agenten im Kampf gegen Computerkriminalität ausbildet, sandte er dem Eindringling Informationsmaterial über TAP und die Aufforderung, zu abonnieren statt zu spionieren.

Während der großen Pause gelangte einer der Freunde Cheshires vom Schulcomputer aus in das Datennetz ARPANET, das das Verteidigungsministerium 1969 eingerichtet hatte. Beim Herumstöbern in diesem Netz empfing der Schüler plötzlich Signale auf seinem Monitor, die vom Computer einer seismischen Meßstation in Norwegen stammten, die das sowjetische unterirdische Atomwaffenprogramm überwachte. Cheshire und seine Freunde waren erstaunt, wie leicht an diesen geheimen Computer heranzukommen war. Sie beschlossen, ihre Entdeckung zu veröffentlichen, und entschieden sich dafür, das nicht in gedruckter Form in TAP zu tun. Als Forum diente ihnen eine Versammlung von Phone

Phreaks, die sie im Gramercy Inn in Washington arrangierten, wobei sie davon ausgingen, daß dieses Treffen auch von Geheimdienstagenten beobachtet werden würde. Vor den etwa hundert Hackern und anderen Besuchern ihres Treffens berichtete Cheshire dann über die Begegnung im ARPANET. «Uns fiel auf, daß ein paar Jungs, die mit Sportsakkos im Zuhörerraum saßen, leicht grün im Gesicht wurden», sagte Cheshire später.

Eine einzige – damals noch geheime – Information haben sie für sich behalten. Eines Tages hatte ein TAP-Abonnent die Bauanleitung für die Wasserstoffbombe in die New Yorker Redaktionszentrale geschickt. Das war, bevor die US-Zeitschrift «The Progressive» diese Pläne veröffentlichte. Bei TAP war damals lange über die Veröffentlichung nachgedacht worden. Man kam überein, es sein zu lassen. Cheshire sagt heute: «Unter anderem macht die Wasserstoffbombe das Telefonnetz kaputt. Und damit wollen wir nichts zu tun haben.»

Dem «Spiegel» erzählte Cheshire im Herbst 1983 von seinem größten Hack-Erfolg, «die Sache mit dem Western Union Infomaster in Virginia»:

«Das ist ein Zentralcomputer der Western Union, und ich dachte mir, es gibt so viele Telegramme und Fernschreiben von New York nach da unten, es muß in New York einen Concentrator geben, wo alle Botschaften gesammelt und dann über eine gemeinsame Leitung geschickt werden. Wie komme ich da rein?

Zuerst habe ich es mal mit Social Engeneering versucht. Ich rufe also an bei Western Union in New York und sage: ‹Hi, hier spricht Cheshire von Upper Saddle River› – das ist das Hauptquartier von Western Union. ‹Können Sie mir mal eben die Nummer geben, mit der man vom TWX in New York in den Infomaster kommt?› ‹Ach, Sie meinen 910410121, damit kommen Sie direkt rein nach Virginia. Die Nummer wurde übrigens grade kürzlich geändert.› – ‹Ach ja?› – ‹Wegen der Hacker.› – ‹Ja, die schrecklichen Hakker …›

Jetzt wußte ich es: Es gibt den Concentrator. Dann rief ich in Upper Saddle River an. ‹Hallo, hier spricht Cheshire von New

York, 60 Hudson Street› – die New Yorker Zentrale von Western Union. ‹Geben Sie mir mal eben die Hintertür-Nummer vom New Yorker Concentrator, ich muß da was testen in dem System.› – Das klappte nicht, der Mann wurde mißtrauisch.

Aber dann, eines Abends, war ich allein in dem Computergeschäft, in dem ich damals arbeitete. Ich hatte einen Terminal, ich hatte ein Modem und ein Drucktastentelefon – ich war im Himmel. Immer wieder drückte ich die Vorwahl 640 und dann eine Zufallskombination aus vier Ziffern. Auf dem Bildschirm erschien jeweils die Rückmeldung. «CBS Special Events» – das war's nicht. – «McCormack Shipping Lines» – wieder daneben. – «FBI, New York» – um Gottes willen. Und dann, nach zwei Stunden: «W-Infomaster» – Infomaster? Wow! Tatsächlich, ich hatte die Hintertür-Nummer für Infomaster gefunden.

Bis dahin hatte ich Fernschreiben an jeden Punkt der Erde senden können, nur nicht nach Nordamerika. Nun konnte ich auch das.»

Im Frankfurter Sheraton-Hotel führen Cheshires deutsche Freunde dem Altmeister einen Fernsehfilm vor, den das Bayerische Fernsehen zum Thema Hacker gesendet hat und der auch in Cheshires New Yorker Wohnung gedreht wurde. Dort sitzt er in einem Gewirr von Kabeln, Telefonen, Monitoren und Keyboards, hackt in die Tasten, jubelt plötzlich und strahlt in die Kamera: «Das ist aber mal ein netter Computer. Der hat nicht nur ‹Herein› gesagt, der hat mir zur Begrüßung auch noch einen Sessel angeboten.» Der Rechner, in den Cheshire sich während der Dreharbeiten hineingehackt hatte, war so freundlich gewesen, auf das einfache Kommando «Help» eine Gebrauchsanweisung zu liefern, wie der Benutzer weiter in das System vordringen konnte. Nicht immer geht es so bequem. Cheshire erzählt von vielen Hack-Versuchen, bei denen tagelanges Ausprobieren nötig war, um über die Begrüßungsformalitäten nach dem Anwählen des Computers hinauszukommen. Gängige Befehle wie «Help» oder «Memo» führen nicht immer tiefer ins System. Aber Cheshire sagt: «Es ist wahr, daß du nur durch Herumhacken das Schlupfloch finden kannst, das dich in einen Computer oder in ein Netz bringt. Du brauchst Glück, Zeit und Kenntnisse. Da ist aber etwas, dessen du sicher sein darfst: Du *kannst* ihn knacken. Es ist nur ein Computer.»

FREISPRUCH MANGELS TATBESTAND

Von den Schwierigkeiten, einen Paragraphen gegen Magnetfelder zu finden

Nehmen wir einmal an, jemand findet auf der Straße eine jener Kreditkarten, mit denen die Geldautomaten zu bedienen sind, die von den Großbanken zunehmend im Bundesgebiet aufgestellt werden. Aus derzeit rund 900 solcher Automaten können Bankkunden nach Schalterschluß Geld abheben. Die dafür benötigten Kreditkarten unterscheiden sich von herkömmlichen Scheckkarten lediglich durch einen Magnetstreifen, auf dem der Name des Karteninhabers und ein paar andere Einzelheiten gespeichert sind.

Nehmen wir weiter an, daß unser Finder nicht ehrlich ist, daß er die Karte nicht beim Fundbüro abgibt oder sonstwie dem Eigentümer zukommen läßt, sondern daß er versucht, den Fund für sich in bare Münze umzusetzen. Er benötigte dafür zwei Informationen: die Kontonummer des Karteninhabers und dessen persönliche Kennzahl, eine vierstellige Zahl, die die Bank ihrem Kunden bei der Aushändigung der Karte mitgeteilt hat. Der unehrliche Finder steht damit vor keinem unlösbaren Problem. Die Kontonummer gibt heutzutage jeder Inhaber fast täglich jedem preis, der mit ihm in irgendeiner geschäftlichen Beziehung steht – vom Versicherungsvertreter über den Malermeister bis zu den Wasserwerken. Bleibt die vierstellige Geheimzahl, also eine von 9999 Möglichkeiten, die durch Herumprobieren nicht ausfindig zu machen ist: Der Geldautomat würde sich gegen mehrfache Versuche sperren. Aber vielleicht versucht es der Finder mit einem Trick, der nachweislich schon funktioniert hat. Er ruft den Karteninhaber an, gibt sich als Angestellter der Bank aus und versucht, die Geheimzahl im Gespräch herauszubekommen. Er könnte zum Beispiel sagen, daß bei der Bearbeitung der Kundenkartei eine Panne passiert sei und daß die Bank sich leider bei ihren Kunden noch einmal nach den ausgegebenen persönlichen Kennzahlen erkundigen müsse.

Nehmen wir weiter an, daß der Trick funktioniert und daß unser Finder, nunmehr im Besitz aller notwendigen Informationen, zum nächsten Geldautomaten geht, die Karte in den Schlitz schiebt, die Kontonummer und die Kennzahl eintippt und den zulässigen Höchstbetrag von 300 Mark pro Tag abhebt. Wahrscheinlich hätte er dabei das Gefühl, etwas Unrechtes zu tun, und vielleicht Angst, dabei erwischt zu werden. Aber diese Sorgen wären ganz überflüssig. Selbst wenn man ihn auf frischer Tat ertappte, hätte er gute Chancen, ohne Strafe davonzukommen, denn nach dem Wortlaut des deutschen Strafgesetzbuches hätte er gar keine Straftat begangen.

Das Strafgesetzbuch aus dem Jahre 1871 beschreibt in vielen Paragraphen alle denkbaren Umstände, unter denen jemand rechtswidrig an seinem Vermögen geschädigt werden kann, und bedroht solche Taten mit Strafe. Aber allen diesen Tatbeständen ist gemeinsam, daß die Handelnden, die Täuscher und Getäuschten, die Diebe und die Bestohlenen, Menschen sind und daß diese Menschen beim Stehlen und Betrügen handfeste Hilfsmittel benutzen wie Einbruchswerkzeug und nachgemachte Unterschriften. Von elektronisch codierten Magnetbändern ist da nicht die Rede, jedenfalls noch nicht.

Im Juni 1984 schrieb der Zentrale Kreditausschuß des Bundesverbandes der Deutschen Volksbanken und Raiffeisenbanken an den Rechtsausschuß des Deutschen Bundestages in Bonn und bat um Abhilfe. Der Zentrale Kreditausschuß schilderte den Fall mißbräuchlicher Anwendung von codierten Scheckkarten und klagte: «In der Literatur wird überwiegend die Auffassung vertreten, daß der Mißbrauch von Eurocheque-Karten durch Nichtberechtigte an Geldausgabeautomaten strafrechtlich nicht erfaßt wird.» Der Mißbrauch der Scheckkarte sei kein Betrug nach Paragraph 263 StGB, denn zum Wesen dieses Tatbestands gehört, daß ein

Mensch getäuscht wird. Nach dem Wortlaut des Gesetzes wird der zum Betrüger, der «das Vermögen eines anderen dadurch beschädigt, daß er durch Vorspiegelung falscher oder durch Entstellung oder Unterdrückung wahrer Tatsachen einen Irrtum erregt». In unserem konstruierten Fall gab der Kontoinhaber zwar seine Geheimnummer irrtümlich preis, weil er am Telefon über die Person des Anrufers getäuscht wurde. Aber diese Täuschung wäre in einem Prozeß nur schwer zu beweisen, es sei denn, das Gespräch wurde mitgeschnitten. Auf keinen Fall getäuscht wurde jedoch der Geldautomat bei der eigentlichen Tat, dem Abheben der 300 Mark. Der Computer «irrte» sich ja nicht, als er die Sperre des Geldautomaten löste. Er verrichtete im Gegenteil seine Arbeit ganz korrekt. Er hatte nur zu prüfen, ob der Benutzer den Automaten ordnungsgemäß bedient. Die Prüfung der Rechtmäßigkeit des Benutzers liegt außerhalb der Möglichkeiten dieses technischen Systems.

Seit der Handel dazu übergegangen ist, Waren auch in Automaten anzubieten, werden diese Automaten «betrogen» – mit falschen Geldstücken oder durch Manipulationen am Sperrmechanismus. Dagegen hat der Gesetzgeber den Straftatbestand des Automatenmißbrauchs im Paragraph 265 StGB eingeführt. Die Tat, die mit dieser Strafbestimmung geahndet wird, setzt jedoch das «Erschleichen von Leistungen» voraus. Der Mechanismus des Automaten muß in ordnungswidriger Weise betätigt werden. Beim Mißbrauch des Geldautomaten kann dem Täter aber ein Erschleichen nicht vorgeworfen werden. Er hat, so der Zentrale Kreditausschuß, «unter Verwendung von Karte und Geheimzahl den Geldausgabeautomaten in der dafür vorgesehenen Art und Weise bedient, ohne dessen technischen Ablauf zu verändern».

Nach der herrschenden Rechtsauslegung hat unser Täter auch keinen Diebstahl begangen, da er die Karte gefunden hat. Er hat keine Urkunde gefälscht, da die benutzte Scheckkarte echt war. Und selbst wenn er die Kreditkarte selbst hergestellt hätte und die Codierung des Kontoinhabers darauf nachgemacht hätte, wäre ihm keine Urkundenfälschung vorzuwerfen. Denn eine Urkunde muß – wiederum nach herrschender Juristenmeinung – die sogenannte Perpetuierungsfunktion erfüllen, sie muß dauerhaft gültig sein. Dazu gehört, daß sie jederzeit optisch wahrnehmbar sein muß. Die unsichtbaren Magnetfelder der elektronischen Datenträger gelten deshalb nicht als Urkunden. So bliebe dann dem Richter, der unseren Sachverhalt zu beurteilen hätte, der Tatbestand der Fundunterschlagung. Aber dieses Vergehen war geringfügig, da der Täter die Karte sofort nach der Benutzung dem Eigentümer wieder zustellte.

Unser Beispiel zeigt nur einige der Rechtsprobleme auf, mit denen sich die Juristen in aller Welt herumschlagen müssen, seit die neuen elektronischen Kommunikationsmittel begonnen haben, unser Leben zu verändern. Mit der Benutzung von Computern im Geschäftsverkehr begann auch ihr Mißbrauch, die sogenannte Computerkriminalität, die formaljuristisch oft gar keine Kriminalität ist. In der Bundesrepublik bewegt sich die Rechtsprechung in all den Fällen, in denen es zu Verurteilungen von Tätern kam, die den Computer als Tatwerkzeug für ihre Bereicherung eingesetzt hatten, immer noch in einer Grauzone am Rande der Legalität. Um überführte Täter verurteilen zu können, dehnen die Gerichte oft unzulässig die alten Paragraphen auf die neuen Straftatbestände aus. Das zeigt zum Beispiel die Unterschlagung des Verwaltungsangestellten K., die als «Kindergeldfall» in die juristische Literatur eingegangen ist.

K. arbeitete seit 1960 als Sachbearbeiter an einem süddeutschen Arbeitsamt, wo er für Kindergeldanträge zuständig war. Zu seinen Aufgaben gehörte es, die Daten der von ihm erarbeiteten Anträge so aufzubereiten, daß sie auf Lochkarten übertragen werden konnten. Diese Lochkarten wurden dann von ihm und der Datentypistin abgezeichnet und zum Zentralamt bei der Bundesanstalt für Arbeit in Nürnberg gesandt, wo sie in den Zentralcomputer eingelesen wurden. Der Computer errechnete dann aus diesen Daten die Zahlungen, die auf sogenannten Eingangs- und Geldzahllisten ausgedruckt wurden. Ein Exemplar dieser Listen ging jeweils an den zuständigen Sachbearbeiter zurück, der stichprobenhaft die Ausdrucke überprüfte. Wurden die Listen für in Ordnung befunden, nahm der Computer die Überweisung der Kindergelder an die Berechtigten vor. Im Oktober 1971 begann K. zu testen, ob das Sicherungssystem zu knacken war. Er fertigte drei Lochkarten über Kindergeldnachzahlungen an, die er mit den Daten seines Schwiegervaters, seiner Verlobten und mit seinen eigenen versah. Dann zeichnete er die Karten als zuständiger Sachbearbeiter ab und fälschte die zweite Unterschrift der Datentypistin. Zehn Tage später erhielt er aus Nürnberg die ausgedruckten Listen und wußte damit, daß der Nürnberger Computer die falschen Anträge eingelesen und akzeptiert hatte.

Das Geld, insgesamt über 20000 Mark, wurde anstandslos auf die von ihm angegebenen Konten überwiesen. K. wurde daraufhin mutiger. Nach und nach fälschte er Nachzahlungslochkarten für fast alle seine Familienmitglieder einschließlich der über 80 Jahre alten Großeltern. Bis Juli 1972 überwies der Nürnberger Computer Kindergelder in der Gesamthöhe von 257741 Mark. Dann wurde ihm der Zufall zum Verhängnis. Der Direktor der Bank, bei der K. sein Konto unterhielt, war ein Stammtischbruder des Arbeitsamtsdirektors. Ende Juli 1972 machte dieser Bankdirektor beim Bier Witze über die reichen Kindergeldbezieher. Der Arbeitsamtschef wurde hellhörig und fragte nach. Der Bankdirektor erzählte darauf, daß einer seiner Kunden riesige Summen aus Nürnberg erhalte. Am nächsten Tag wurden die Listen im Arbeitsamt überprüft. Der Amtsleiter stellte dabei fest, daß sein kinderloser Sachbearbeiter K. Nachzahlungen in Höhe von 70000 Mark bekommen hatte. K. wurde festgenommen, gestand die Unterschlagung und wurde wegen fortgesetzter Untreue und wegen fortgesetzter Urkundenfälschung zu einer Freiheitsstrafe von drei Jahren und 1000 Mark Geldstrafe verurteilt.

Um die Verurteilung wegen Untreue zu rechtfertigen, konstruierte das Gericht eine «verantwortliche Position» von K. im Arbeitsamt. Denn der Untreue-Tatbestand setzt voraus, daß ein Amtsträger Verfügung über die Gelder hat, die er entwendet. Die Urkundenfälschung war unproblematisch nachzuweisen, denn K. hatte die Gegenzeichnung auf der Lochkarte nachgeahmt. Im Urteil wurde allerdings auch die Eingangs- und die Geldzahlliste als

Urkunde gewertet, da sie eine «allgemeinverständliche Gedankenerklärung» darstellte.

Der Freiburger Rechtsanwalt Ulrich Sieber, der über diesen Fall in seinem Buch «Computerkriminalität» berichtet, bemerkt dazu:

> «Die Tatsache, daß der Kindergeldbetrag nicht vom Menschen in den Computer eingegeben, sondern vom Computer erst aus anderen Daten errechnet worden war, daß der wesentliche Inhalt der Gedankenerklärung der Urkunde also nicht vom Menschen, sondern von einer Maschine stammte, übersah das Gericht.»

Sieber und andere Juristen, die sich der neuen Technologien angenommen haben, weisen seit langem darauf hin, daß die bestehenden Strafgesetze ergänzungsbedürftig sind. So ist besonders dem häufigsten Tatbestand, dem sogenannten Programmdiebstahl, mit dem geltenden Strafrecht nicht beizukommen. Da der Programmdieb nichts wegnimmt, sondern nur ein Magnetband kopiert, entfällt das Diebstahl-Tatbestandsmerkmal, die «Wegnahme einer fremden beweglichen Sache». Ein Computerprogramm ist keine Sache, sondern nichts weiter als die organisierte Anhäufung von Magnetfeldern. Der Gesamtverband der Deutschen Versicherungswirtschaft e. V., dessen Mitgliedsfirmen schon manche Mark per Computer entwendet wurde, erklärte deshalb in einem Schreiben an den Rechtsausschuß des Deutschen Bundestages fast alle einschlägigen Paragraphen des Strafgesetzbuches für untauglich:

«Paragraph 242 (Diebstahl) verlangt die Wegnahme einer fremden beweglichen Sache und trifft daher für die Computerkriminalität regelmäßig nicht zu.

Paragraph 246 (Unterschlagung) verlangt die Zueignung einer fremden beweglichen Sache, die zuvor im Gewahrsam des Täters gestanden hat. Paragraph 246 ist deshalb regelmäßig hier nicht einschlägig.

Paragraph 263 (Betrug) verlangt die Täuschung einer Person, deren Irrtum und eine Vermögensverfügung. Gerade diese Tatbestandsmerkmale liegen bei der Computerkriminalität regelmäßig nicht vor.

Paragraph 265 a (Erschleichung von Leistungen, Automatenmißbrauch) verlangt die Absicht, das Entgelt nicht zu entrichten und trifft damit ebenfalls für die Computerkriminalität regelmäßig nicht zu.

Paragraphen 266 (Untreue) verlangt die Pflicht, fremde Vermögensinteressen wahrzunehmen. Diese wird bei dem überwiegenden Teil der Fälle der Computerkriminalität nicht vorliegen.

Paragraphen 267 ff (Urkundenfälschung, Fälschung technischer Aufzeichnungen) treffen nicht zu, weil Daten und Datenträger regelmäßig nicht als Urkunden angesehen werden können.»

Aus dieser Aufzählung darf nun nicht geschlossen werden, daß der ungetreue Buchhalter, der mit Hilfe des Computers Firmengelder auf sein eigenes Konto geschaufelt hat, straffrei davonkäme. Wie schon gesagt, finden Staatsanwälte und Richter immer noch juristische Konstruktionen, um den Betrüger am Terminal hinter Gitter zu bringen. Oft sind es vergleichsweise lächerliche Nebenumstände der Tat, die dem Täter zum Fallstrick werden, weil auf sie die bestehenden Strafvorschriften angewendet werden können. So wurde dem ungetreuen Arbeitsamtssachbearbeiter K. zum Verhängnis, daß er zu Beginn seiner Fälschungsserie noch Angst vor der eigenen Courage hatte. Nachdem der Zentralcomputer in Nürnberg seine falschen Nachzahlungsanträge akzeptiert hatte und die Listen zur Auszahlung wieder bei ihm im Arbeitsamt vorlagen, radierte er die Tausenderziffern aus und begnügte sich mit der Überweisung der Hundertmarkbeträge. Er fürchtete, daß die großen Summen Aufsehen erregen könnten. Das Radieren auf den Computerlisten legte ihm später das Gericht als «Urkundenfälschung im Amt» nach Paragraph 348 StGB aus. Hätte er nicht radiert, sondern die Unterschlagung mutig zu Ende geführt, wäre ihm zumindest die Bestrafung wegen dieses Tatbestandes erspart geblieben.

Es ist nicht nur die Unzulänglichkeit des geltenden Strafrechts, die den Täter am Terminal vor Strafverfolgung schützt. Sein bester Bundesgenosse ist die Scham des Betrogenen. Welche Bank, welches Versicherungsunternehmen gibt gern zu, daß die internen Sicherungssysteme gegen Computerkriminalität versagt haben? Insbesondere die Banken neigen dazu, den überführten Defraudanten nicht anzuzeigen, sondern die Angelegenheit privat zu regeln – nicht selten mit einer Abfindung an den Betrüger, damit er stillschweigend seinen Arbeitsplatz räumt. Der durch Computerkriminalität entstandene Schaden wird oft geringer angesehen als der Vertrauensschaden, der bei der Bankkundschaft entstehen würde, wenn vor Gericht öffentlich diskutiert würde, wie einfach es war, die Konten zu plündern. Nach den Erfahrungen der Hermes-Kreditversicherungs-AG, die seit 1971 eine Computer-Mißbrauch-Versicherung anbietet, wird nur jeder fünfte Fall von Betriebskriminalität bei der Staatsanwaltschaft angezeigt. Rechnet man hinzu, daß nach Schätzungen von Experten nur eine von zehn Straftaten überhaupt entdeckt wird, so ergibt sich eine volkswirtschaftlich bedeutsame Schadenssumme, die weit über das hinausgeht, was die Statistiken über Wirtschaftskriminalität aussagen. Hermes, die durch eine Umfrage bei 1300 mittleren und großen Unternehmen herausfand, daß 30 Prozent der angeschriebenen Firmen bereits Veruntreuungen hinnehmen mußten, schätzt den Gesamtschaden in der Bundesrepublik Deutschland für das Jahr 1980 auf rund 13 Milliarden Mark.

Ein Großteil dieses Schadens dürfte durch Computerkriminalität entstehen. Wie groß dieser Anteil wirklich ist, weiß niemand, da es darüber keine präzisen Statistiken gibt. Das liegt ganz einfach daran, daß die Landeskriminalämter und das Bundeskriminalamt noch keine einheitlichen Richtlinien darüber erarbeitet haben, was eigentlich Computerkriminalität ist. «Wir haben für die Statistik das Kriterium ‹Tatmittel Computer› noch nicht erfaßt», sagte ein Sprecher des Bundeskriminalamtes im Sommer 1984.

An diesem Problem wird jetzt in der Bundesrepublik wie auch international gearbeitet. Im Mai 1983 entwickelte eine internationale Expertengruppe der Organisation für Wirtschaftliche Zusammenarbeit und Entwicklung (OECD) in Paris eine Definition, die für weitere juristische Untersuchungen grundlegend sein soll. Danach umfaßt der Begriff Computerkriminalität «alle gesetzwidrigen, ethisch verwerflichen oder unerlaubten Verhaltensweisen, die automatische Datenverarbeitungs- oder Datenübertragungssysteme berühren». Aus dieser Definition lassen sich drei Hauptgruppen der Computerkriminalität ableiten: Vermögensdelikte, die in Verbindung mit Computern begangen werden; Verletzungen von Persönlichkeitsrechten, zum Beispiel Verstöße gegen Bestimmungen des Datenschutzes; computerbezogene Verstöße gegen soziale Rechtsgüter wie die nationale Sicherheit oder die Ordnungsmäßigkeit des internationalen Datenverkehrs.

In der Bundesrepublik beschäftigt sich der Gesetzgeber einstweilen noch mit dem Problem, wie den computerbezogenen Vermögensdelikten beizukommen ist. Seit August 1983 berät der Rechtsausschuß des Deutschen Bundestages über eine Neufassung des Gesetzes zur Bekämpfung der Wirtschaftskriminalität, mit dem die Straftatbestände «Computerbetrug» und «Fälschung gespeicherter Daten» in das Strafrecht eingeführt werden sollen. Nach dem Wortlaut des geplanten Paragraphen schädigt der Computer-Betrüger sein Opfer nun nicht mehr dadurch, daß er in ihm einen Irrtum erzeugt, sondern daß er «das Ergebnis eines Datenverarbeitungsvorgangs durch unrichtige Gestaltung des Programms oder Einwirkung auf seinen Ablauf oder durch Verwendung unrichtiger oder unvollständiger Daten beeinflußt». Der Fälschung gespeicherter Daten wird sich schuldig machen, «wer zur Täuschung im Rechtsverkehr elektronisch, magnetisch oder sonst nicht sichtbar oder unmittelbar lesbar gespeicherte Daten, die dazu bestimmt sind, bei einer Verarbeitung im Rechtsverkehr als Beweisdaten für rechtlich erhebliche Tatsachen benutzt zu werden, unbefugt verändert oder solche unbefugt veränderten Daten gebraucht».

Ob diese beiden Paragraphen mit diesem Wortlaut im Strafgesetzbuch stehen werden, ist noch ungewiß. Bei den Beratungen im Rechtsausschuß im Sommer 1984 wurde deutlich, daß mit dieser Gesetzesänderung zwar die juristischen Hilfskonstruktionen entfallen können, deren sich die Rechtsprechung bisher bedient, um den neuen Straftätern beizukommen. Sachverständige wie der Kriminologe Ulrich Sieber wiesen aber darauf hin, daß das juristische

Flickwerk längst nicht alle neuen Blößen abdeckt. Um bei unseren Beispielen zu bleiben: Der Sachbearbeiter K. aus dem Arbeitsamt würde zwar verurteilt werden können, weil er ein Programm durch die «Verwendung unrichtiger Daten» beeinflußt hatte, um sich rechtswidrig einen Vermögensvorteil zu verschaffen, und weil er Beweisdaten «unbefugt verändert» und «zur Täuschung im Rechtsverkehr» gebraucht hatte. Aber der unehrliche Finder der Scheckkarte wäre nach wie vor nicht zu belangen. Er hatte weder unrichtige Daten benutzt, noch Daten unbefugt verändert, sondern ganz im Gegenteil mit richtigen Daten in der technisch vorgeschriebenen Weise Geld für sich beschafft. Für den rechtmäßigen Eigentümer der Scheckkarte bedeutet das: Wenn er sich von der Bank eine codierte Scheckkarte aushändigen läßt, liegt das Risiko, das sich aus den Mißbrauchsmöglichkeiten ergibt, bei ihm.

Diese rechtlich zweifelhafte Situation wird sicher noch beseitigt werden. Das zeigt das Beispiel der USA, in denen auch die rechtlichen Probleme der automatischen Datenverarbeitung schon vor rund einem Jahrzehnt offenbar wurden. Bereits Anfang der 70er Jahre begannen in Kalifornien zwölf Banken, ihren Geldverkehr über «automatische Girozentralen» (Automated Clearinghouses) abzuwickeln. Geldbewegungen zwischen diesen Banken und ihren Kunden wurden elektronisch ausgeführt. Und 1971 startete die Hempstead Bank of Long Island, New York, ein Pilotprojekt für den elektronischen Geldtransfer (Electronic Fund Transfer, EFT). Die Kunden der Hempstead Bank erhielten codierte Kreditkarten, mit denen sie bei 35 Warenhäusern zahlen konnten. Die Karten wurden an der Kasse in einen Schlitz gesteckt, elektronisch gelesen, und der Kauf wurde elektronisch gebucht. Aus diesem Projekt entwickelten sich an vielen Orten in den USA Netzwerke zwischen Banken, Bankkunden und Vertragspartnern in der Wirtschaft. Wenn auch etliche dieser «POSS» (Point of Sales Systems) genannten Netzwerke scheiterten, weil die hohen Kosten für das Aufstellen der Terminals durch den Umsatz nicht gedeckt wurden, so bleibt doch die Zielrichtung erkennbar: Das US-Bankensystem steuert nach der bargeldlosen Epoche dem elektronischen

Geldverkehr entgegen. Ein Grund dafür ist einfach die steigende Papierflut. 1970 wurden in den USA 22 Milliarden Schecks ausgestellt und bearbeitet, 1980 waren es schon über 40 Milliarden. Allein die Kosten für Papier lagen bei mehr als 8 Milliarden Dollar, die Kosten für die Bearbeitung bei 30 Cents pro Scheck.

Mit dem Anwachsen des elektronischen Geldverkehrs wurde die Klärung von Rechtsproblemen notwendig. Bereits seit Mitte der sechziger Jahre ist in vielen Bundesstaaten der USA die elektronische Geldüberweisung strafrechtlich geschützt. Wer zur Begehung eines Vermögensdeliktes das Telefon oder andere Datenfernübertragungsnetze benutzt, kann wegen «wire fraud» (etwa: Betrug per Telefon) belangt werden. Darüber hinaus gibt es seit 1978 ein Bundesgesetz, das zivilrechtliche und Haftungsfragen im Zusammenhang mit dem elektronischen Geldtransfer regelt, den Electronic Fund Transfer Act. In diesem Gesetz sind die Rechtsfolgen für den Fall festgelegt, daß der Computer falsch bucht oder daß ein Dritter die codierte Scheckkarte mißbraucht. Bemerkt der Kunde einen Fehler, muß er die Bank davon informieren. Diese muß dann binnen kurzer Frist den Fehler aufklären, sonst wird sie schadensersatzpflichtig – bis zur dreifachen Höhe des tatsächlich eingetretenen Schadens.

Die Regelung solcher Haftungsfragen wurde in den USA notwendig, weil die Verbreitung von Geldausgabeautomaten rapide anstieg. 1980 konnten die Kunden von US-Banken nach Schalterschluß aus insgesamt 30000 Automaten Geld abheben. In der Bundesrepublik steckt diese Form des Geldverkehrs noch in den Kinderschuhen. Ende 1984 waren erst 900 Automaten aufgestellt, und entsprechend gering war das öffentliche Interesse an einer gesetzlichen Regelung. Nur in einem Fall kam es bisher über die elektronische Scheckkarte zu einer gerichtlichen Auseinandersetzung. Eine Bank beschuldigte einen Kunden, seine Karte hemmungslos zum Geldabheben eingesetzt und das Konto dabei um 30000 Mark überzogen zu haben. Der Kunde erklärte dagegen, er habe seine Scheckkarte gar nicht benutzt. Die vom Computer ausgedruckten Kontoauszüge konnten zur Aufklärung des tatsächlichen Sachverhaltes nicht sehr viel beitragen. Nach Angabe des

Rechtsanwalts des beschuldigten Bankkunden ging aus den Kontoauszügen hervor, daß wiederholt Beträge von weit über 1000 Mark abgehoben worden waren. Das aber sollte technisch ausgeschlossen sein.

Für den Ausgang eines solchen Rechtsstreits kann entscheidend sein, wer die Beweislast trägt, die Bank oder der Kunde. Aber solche Fragen, die den Schutz des Verbrauchers betreffen, sind in der Bundesrepublik noch in der juristischen Diskussion. Unklar ist zum Beispiel auch, ob eine Bank, etwa aus Wiesbaden, die am Flughafen in Frankfurt einen Geldautomaten aufstellt, damit dort eine «Zweigstelle» eröffnet. Das ist alles andere als eine akademische Frage. Denn nach dem Kreditwesengesetz sind Zweigstellen meldepflichtig, Zweigstellen ausländischer Banken sind sogar genehmigungspflichtig. Wenn Geldautomaten nun keine Zweigstellen sind, dann könnte daraus geschlossen werden, daß ausländische Banken in der Bundesrepublik genehmigungsfrei ihre Geldautomaten aufstellen dürften.

Wie verworren die Rechtslage, die sich aus der Einführung der neuen Medien ergibt, selbst für staatliche Stellen sein kann, zeigt ein Beispiel aus Berlin. Dort nahm die Bundespost 1983 versuchsweise den Betrieb eines Bildschirmtext-Systems (Btx) auf. Alsbald passierten den Benutzern die merkwürdigsten Sachen. Paßwörter wurden geändert, so daß einige Btx-Kunden das System nicht mehr benutzen konnten; beim Aufrufen einzelner Btx-Seiten erschienen grobe Beleidigungen auf dem Bildschirm; Versandhäuser schickten Artikel, die vom Btx-Kunden gar nicht bestellt worden waren. Die Bundespost mußte sich eingestehen, daß da Hacker am Werk waren und daß sie nichts dagegen unternehmen konnte. Die Staatsanwaltschaft ermittelte und hatte bald ein paar Jugendliche in Verdacht, mit dem System Schabernack zu treiben. Zur Beweissicherung forderte sie die Bundespost auf, ihr den Ausdruck einiger Btx-Seiten zur Verfügung zu stellen. Die Bundespost lehnte zunächst die Lieferung der öffentlich gesendeten Btx-Seiten ab – mit Hinweis auf das Datenschutzgesetz.

Dieser seltsame Streit zwischen den Behörden konnte zwar beigelegt werden, aber die Hacker kamen dennoch straflos davon.

Die Staatsanwaltschaft stellte das Verfahren schließlich ein – teils wegen geringer Schuld der ermittelten Täter, teils wegen fehlender Strafbarkeit. Die Staatsanwälte hatten keine passenden Strafvorschriften finden können.

Das Hacken im Btx-Rechner macht deutlich, was die Betreiber und Benutzer von automatischen Datenverarbeitungsanlagen am meisten quält: Das Eigentum, ein Rechtsgut, das traditionell den größten strafrechtlichen Schutz genießt, ist im Bereich der neuen Technologien nicht mehr ausreichend gegen Mißbrauch geschützt. Daß eine kleine Gruppe von Scheckkartenbesitzern bei der Benutzung von Geldausgabeautomaten ohne strafrechtlichen Schutz ist, bringt den Rechtsfrieden nicht sonderlich aus dem Gleichgewicht. Daß aber Datenbanken jedem offenstehen, der einen Kleincomputer und einen Telefonanschluß hat, daß in jahrelanger Arbeit entwickelte Programme per Homecomputer auf einen gewöhnlichen Cassettenrecorder zu überspielen sind, daß technisch begabte Jünglinge vom Kinderzimmer aus die elektronische Post großer Konzerne mitlesen, das macht die Anwendung des Strafrechts auf die Welt der Bits und Bytes notwendig.

Im Rechtsausschuß des Deutschen Bundestags bestand 1984 weitgehend Einigkeit darüber, daß die Computerkriminalität, also die Verletzung von Eigentum an Datenverarbeitungsgeräten, Software und Übertragungsnetzen, in vier unterscheidbare Deliktgruppen einzuteilen ist. Die *Computermanipulation* umfaßt Taten wie Änderung von Gehaltskonten, Löschen von Kreditschulden im Bankcomputer oder die elektronische Abrufung von Kindergeld aus dem Nürnberger Zentralrechner. Mit *Computerspionage* und *Softwarediebstahl* werden Verstöße gegen das Eigentum an Rechenprogrammen bezeichnet, die in allen Industriestaaten einen wachsenden Anteil am Sozialprodukt einnehmen. In der Bundesrepublik Deutschland werden zur Zeit rund zehn Milliarden Mark pro Jahr in die Entwicklung von Rechnerprogrammen investiert. Der Schaden, der durch das unbefugte Kopieren zum Beispiel von rechnergesteuerten Fertigungsprozessen jährlich entsteht, reicht in die Größenordnung von mehreren hundert Millionen Mark. Die dritte Deliktgruppe ist die *Computersa-*

Ein perfekter Hacker weiß …

botage, die physische Zerstörung von Hard- und Software, die auch in der Bundesrepublik in den letzten Jahren zugenommen haben soll, nachdem es in den siebziger Jahren hauptsächlich in Frankreich zu einer Serie von Brand- und Sprengstoffanschlägen auf Großrechner gekommen war. Schließlich bildet der sogenannte *Zeitdiebstahl* eine abgrenzbare Deliktgruppe. Das ist die unberechtigte Benutzung von Großrechenanlagen, die nach dem Time-sharing-Verfahren Benutzern gegen Entgeld Rechenzeiten zur Verfügung stellen. Zeitdiebstahl wurde in den USA bereits in den sechziger Jahren das wohl häufigste computerbezogene Delikt, weil es dort viele preiswerte Datenfernübertragungsnetze gab. In der Bundesrepublik Deutschland verhinderte die Gebührenpolitik der Bundespost das Aufkommen von Time-sharing-Rechenzentren. Der Erwerb einer eigenen kleinen Rechenanlage war für viele Firmen billiger, als es die Leitungskosten zu einem Rechenzentrum waren. Erst die wachsende Verbreitung von Homecomputern und Modems ließ auch in der Bundesrepublik den Zeitdiebstahl technisch zu.

Um diesen vier Deliktgruppen strafrechtlich begegnen zu können, reicht der Gesetzentwurf der Bundesregierung freilich nicht aus. Mit den neuen Tatbeständen «Computerbetrug» und «Fälschung gespeicherten Daten» kann zwar die Computermanipulation geahndet werden, aber die Software wäre immer noch nicht als Eigentum geschützt. Nach der jetzigen Rechtskonstruktion ist sie es nur durch das Urheberrecht und das Gesetz gegen den unlauteren Wettbewerb, deren Beweisverfahren und Strafbestimmungen sich jedoch als unzureichend erwiesen haben. Nicht geschützt wäre die Software auch gegen Sabotage oder gegen die unberechtigte Benutzung durch Dritte über das Telefonnetz. Während bei der Computermanipulation nur das Tatwerkzeug moderner geworden ist, mit dem der Diebstahl oder die Unterschlagung begangen wird, ist bei der Computerspionage oder beim Zeitdiebstahl die Elektronik selber Gegenstand der Tat. Hier steht der technischen Neuerung, die Daten zu Informationsträgern von hohem materiellen Wert macht, ein veralteter juristischer Eigentumsbegriff gegenüber. Der Gesetzgeber wird dieses

Problem dadurch lösen müssen, daß er jeden unbefugten Zugriff auf fremde Datensysteme unter Strafe stellt.

Das wird schon deshalb notwendig, weil sich eine technische Entwicklung andeutet, in der Datenübertragungsnetze eine immer größere Rolle spielen. Ob der Ölsucher in der Arktis seine Fundberichte nach Dallas per Computer übermittelt oder der Versicherungsvertreter vom Dorf seine Vertragsabschlüsse in den Frankfurter Zentralspeicher überspielt: Immer mehr Informationen, an deren Geheimhaltung Absender und Empfänger größtes Interesse haben, laufen über die Datennetze. Diese sind aber technisch gegen das Abhören noch weniger gesichert als Telefongespräche, da digital übertragene Nachrichten mit Hilfe von Computern leicht aufzufangen und zu entschlüsseln sind.

Für den Computer als Kommunikationsmittel gelten nicht die Strafvorschriften, die die Vertraulichkeit des Wortes oder das Briefgeheimnis sichern sollen. Paragraph 202 StGB (Verletzung des Briefgeheimnisses) setzt einen «verschlossenen Brief oder ein anderes verschlossenes Schriftstück» als Tatbestandsmerkmal voraus. Paragraph 201 StGB (Verletzung der Vertraulichkeit des Wortes) bedroht das Abhören des «nicht öffentlich gesprochenen Wortes» mit Strafe. Aber elektronische Signale sind weder verschlossen noch gesprochene Worte. Um sie rechtlich zu schützen, wird sich der Gesetzgeber eine neue Definition des Abhörens und des Briefgeheimnisses einfallen lassen müssen.

Das gegen viele politische Widerstände mühsam entwickelte Datenschutzrecht soll die Privatsphäre schützen; zur Sicherung wirtschaftlicher Daten ist es untauglich. Paragraph 41 des Bundesdatenschutzgesetzes belegt das unbefugte Abrufen von personenbezogenen Daten mit Strafe, läßt also die Daten von Wirtschaftsunternehmen – in aller Regel juristische Personen – ausdrücklich aus. Die Datenschutzbestimmungen sind aber nicht nur nicht ausreichend bei den gegenwärtigen technischen Möglichkeiten. Datenschützer stellen schon heute die Frage, wer den Datenschutz noch schützt, wenn immer mehr kleine, vernetzbare Datenbanken entstehen, die durch jedermann zugängliche Breitbandkabel miteinander verknüpft sind.

Die Hacker, die auch jetzt schon am Rande der Legalität operieren, wenn sie das Btx-Netz testen oder mal einem Firmenrechner guten Tag sagen, läßt die juristische Entwicklung kalt. Wau Holland sagt: «Bis jetzt hat es noch jede Gesellschaft geschafft, ihr Eigentum zu schützen. Das wird auch diesmal gelingen. Da muß ich mir nicht den Kopf drüber zerbrechen.» Wenn der Zugriff auf fremde Rechner generell unter Strafe gestellt werden sollte, würde jedes Hacken ein großes Risiko. Die Experten, die vor dem Rechtsausschuß des Bundestags gehört wurden, waren überwiegend der Meinung, daß die jugendlichen Hacker nicht das Problem darstellen, das den Staat beunruhigen müßte. Sie sehen Gefahren in organisierter Wirtschaftsspionage und dem Diebstahl von technologischem Know-how. Da aber eine Zugangsverbotsklausel nicht zwischen einem Hacker und dem fremden Geheimagenten unterscheiden würde, der per Computer Staatsgeheimnisse an sich bringt, träfe das Gesetz sie unterschiedslos hart. Rechtsexperte Sieber schlug deshalb vor, daß ein Täter straffrei ausgehen könne, wenn er seine Tat selbst anzeige. Damit würde ja auch ein volkswirtschaftlicher Nutzen entstehen, denn der Hakker, der berichtet, wie er einen fremden Computer geknackt hat, gibt damit den Hinweis auf eine technische Lücke sowie die Möglichkeit, sie zu schließen.

Die Berliner Hacker, die das Btx-Probesystem erkundeten, verfuhren bereits nach diesem Prinzip. Als der hauptverdächtige Hacker von der Staatsanwaltschaft vernommen wurde, gab er zu Protokoll: «Wie ich glaube, habe ich mich im Zusammenhang mit der Aufdeckung von Schwachstellen beim Bildschirmtext-Medium einigermaßen verdient gemacht. Alle Dinge, die mir durch Zufall bekannt wurden, und die im Hinblick auf die Datensicherheit bedenklich waren, habe ich unverzüglich der Arbeitsgruppe Bildschirmtext bei der Bundespost gemeldet. Viele meiner Hinweise waren der Post noch gar nicht bekannt und führten häufig auch zur Beseitigung der erkannten Fehler.»

Ob Hacken nun strafbar wird oder nicht, gehackt wird weiter. Die Frage, ob es richtig ist, daß die Datenfernübertragung, ein Kommunikationsmittel von großer Bedeutung, von ihren Betreibern abgesichert werden soll wie eine Goldmine, wird von staatlicher Seite gar nicht erst diskutiert werden. Die Hacker-Frage: Was ist schon Eigentum angesichts des Rechts auf Freizügigkeit für Informationen und Meinungen, das wir beanspruchen, scheint bereits beantwortet. Der alte Eigentumsbegriff wird juristisch auch in den internationalen Netzen siegen.

MORGEN, KINDER, WIRD'S WAS GEBEN

Wie die Datenschützer durch das Kabelnetz fallen

Der «Meilenstein» wurde mehrfach angekündigt. Im Herbst 1983, dann im Frühjahr 1984, schließlich im Oktober 1984 sollte nach fast zehnjähriger Vorbereitung und vierjähriger Testphase ein neues Medium für den Publikumsverkehr freigegeben werden: Bildschirmtext (Btx) für alle.

Vier Wochen vor dem dritten Starttermin kam das Gerücht auf, daß es noch einmal etwas dauern wird. In der Ulmer Zentrale verweigerte der Btx-Leitrechner, wegen des Auf und Ab seiner Betriebsbereitschaft inzwischen verächtlich YoYo genannt, die Dauerleistung. Aber die Schadenfreude der Branche über das Unvermögen der Bundespost, das Btx-System termingerecht einzurichten, ändert nichts an den Folgen, die es haben wird, wenn YoYo erst einmal planmäßig läuft.

Bildschirmtext sei «eine Chance, unsere komplexe Welt transparenter» zu machen, sagte 1977 der damalige SPD-Postminister Kurt Gscheidle, und die Elektronik-Industrie greift zu ähnlich großen Vokabeln. Der TV-Geräte-Hersteller Loewe spricht in seinen Broschüren von «der Informations- und Kommunikations-Revolution». Das Denkwürdige daran ist: Sie haben beide recht.

Die schöne, neue Welt mit Btx ist oft skizziert, und nie wird vergessen zu erwähnen, daß sie bequem und effizient sein wird. Vom Sessel aus wird der Btx-Teilnehmer per Knopfdruck auf dem handlichen Steuergerät Aktienkurse erfragen, Oma Blumen schicken, die Verabredung mit der Tante treffen, das Hotelzimmer auf Mallorca besichtigen und buchen, den Quelle-Katalog durchblättern und bestellen, den Volkshochschulkurs in Spanisch machen, den Gebrauchtwagen kaufen, das Restaurant für den nächsten Berlin-Besuch auswählen, die Grundstückspreise im Odenwald abfragen, Geld überweisen oder einfach PacMan spielen.

Das alles geht, versichern die Prospekte, weil Btx so genial einfach das Fernsehgerät (in 95 Prozent aller Haushalte vorhanden) mit dem Telefon (in knapp 90 Prozent aller Haushalte vorhanden) verknüpft. Das technische Resultat dieser Verbindung ist wirklich simpel. Vereinfacht gesagt, ruft der Btx-Teilnehmer per Telefon eine Art Diavortrag aus der Zentrale ab. Er wählt Bilder («Seiten») aus, die im Computer digital gespeichert sind und als Pieptöne über das Fernsprechnetz auf die Membran seines Telefonhörers gesendet werden. Dort verwandelt ein Modem die Töne in digitale Zeichen (Nullen und Einsen) zurück, die der im Fernsehgerät eingebaute Decoder wieder in Bilder übersetzt.

In diesem technischen Ablauf spielt das Fernsehgerät nur die Rolle des Monitors, auf dem das Ergebnis einer Datenfernübertragung sichtbar gemacht wird, wobei die Fernübertragung digitaler Daten keineswegs eine technische Neuigkeit ist. Computer sind seit langem über Telefonleitungen miteinander verbunden. In der Bundesrepublik sind rund 8000 Elektronenrechner aus Wirtschaft, Wissenschaft und Verwaltung an das «Datex-P»-Netz angeschlossen, das zum seit Mitte der sechziger Jahre existierenden «Integrierten Fernschreib- und Datennetz» (IDN) gehört. Die Behauptung, daß die Verbindung von Telefon und Fernsehen das grundlegend Neue am Bildschirmtext sei, ist deshalb irreführend. Das Revolutionäre am Bildschirmtext ist vielmehr: Zum erstenmal werden die bestehenden Netze – Telefon und IDN – *für einen großen Benutzerkreis* miteinander verknüpft.

Nach den Planungen der Bundespost und den Erwartungen der Industrie sollen bereits 1986 rund eine Million private Haushalte und Betriebe an Btx teilnehmen, 1990 sollen es mehr als 3,5 Millionen sein. Daran sind wirtschaftliche Hoffnungen geknüpft. Die Benutzer brauchen neue, mit Decodern ausgerüstete TV-Geräte. Der neue Informationsmarkt – Seitenabruf gegen Entgeld, Werbung, Auskunfterteilung – soll 1994 über zwei Milliarden Umsatz machen. Zusammen mit den Gebühren an die Post soll der Gesamtumsatz aus allen Btx-Anwendungen dann zwischen fünf und zehn Milliarden Mark betragen.

Die Bundespost, die diesen Wachstumsprozeß mit einer ersten Investition von über 500 Millionen Mark bis zum Jahr 1986 anschieben will, wird sich aber mit der Btx-Entwicklung alleine nicht begnügen. Btx ist nämlich ein für das Elektronikzeitalter erstaunlich plumpes Medium. Der Teilnehmer, der eine Seite aufruft, muß, je nach grafischer Ausgestaltung, zur Zeit bis zu zehn Minuten warten, bis sie auf seinem Monitor abgebildet ist. Die Signale aus dem Btx-Rechner kommen nur mit einer Geschwindigkeit von 1200 Bits pro Sekunde im TV-Decoder an, wobei jeder Buchstabe und jede Ziffer – aus acht Bits besteht. Das herkömmliche Fernsprechnetz läßt technisch keine höheren Übertragungsgeschwindigkeiten zu.

Deshalb hat die Post vor langer Zeit eine Grundsatzentscheidung gefällt, die ab 1986 schrittweise verwirklicht werden soll: Das Fernsprechnetz wird digitalisiert. Zunächst werden in den Schaltstellen des Netzes die elektromechanischen Relais durch Mikroprozessoren ersetzt. Danach wird auch die Sprache digitalisiert. Die Schallwellen der menschlichen Stimme werden von Mikroprozessoren in Computersignale umgewandelt, rechnergesteuert transportiert und beim Gesprächspartner in Schallwellen zurückverwandelt. Bevor die Post sich überlegte, wie sie die beiden Netze – Telefon und IDN – miteinander verbinden soll, mußte sie sich auf einen Übertragungsmodus festlegen. Die Post entschloß sich, auf die Digitalisierung umzusteigen und das bisherige Verfahren, das «analoge» Übertragen der menschlichen Stimme, fallenzulassen.

Die Entscheidung für die Digitalisierung war notwendig, um das nächste Ziel der Post zu erreichen, das «Integrierte Schmalbandige Digitale Vermittlungsnetz», ISDN, das ab 1988 aufgebaut werden soll. Im ISDN wird ein entscheidender Nachteil des herkömmlichen Fernsprechnetzes beseitigt sein. Die Übermittlungsgeschwindigkeit wird auf 64000 Bits pro Sekunde gesteigert. Für

Btx bedeutet das, daß der Seitenaufbau von maximal zehn Minuten auf ein paar Sekunden verkürzt wird. Der Teilnehmer kann dann rasch in umfangreichen Katalogen «blättern». Gleichzeitig wird die Übertragungsgeschwindigkeit vom Teilnehmer zur Zentrale, die jetzt nur 75 Bits pro Sekunde beträgt, auch auf 64000 Bits pro Sekunde gesteigert. Der Teilnehmer kann dann zum Beispiel seinen Homecomputer an den Btx-Terminal anschließen und mit jedem anderen Teilnehmer in einen Rechner-«Dialog» treten. Sein Btx-Anschluß im Wohnzimmer hat dann die gleiche Ausstattung wie, sagen wir, ein Arbeitsplatz am Terminal in einer Bank oder Versicherung.

Im ISDN werden an jedem Fernsprechanschluß außer dem digitalen Telefon und dem schnellen Btx noch weitere digitale Dienste angeboten wie schnelles Telekopieren oder Fernmessung. Die Post will es aber auch dabei noch nicht belassen. Da sie ja spätestens ab 1990 für das Kabelfernsehen und den Kabelrundfunk ohnehin Glasfaserkabel verlegen will, wird gleichzeitig aus dem ISDN ein «Integriertes Breitbandiges Digitales Vermittlungsnetz». Dann kann sie neben den Diensten des ISDN in jedem Haushalt auch noch das Bildtelefon und die Schaltung von Videokonferenzen anbieten.

Und schon jetzt ist beschlossen, daß die Verkabelung mit breitbandiger Glasfaser in der Endstufe flächendeckend sein soll. Am Ende des auf 30 Jahre angelegten Netzbaus soll jeder Haushalt in der Bundesrepublik alle Kommunikationsmittel aus einer Steckdose beziehen – einschließlich Hörfunk und Fernsehen. Die Gesamtkosten für alle Investitionen, die die Bundespost dafür durchführen will, werden nach heutigen Schätzungen zwischen 100 und 300 Milliarden Mark liegen.

Wie teuer das «Breitbandige Integrierte Glasfaser-Fernmelde-Ortsnetz» (BIGFON) wirklich werden wird, und welchen Kostenanteil davon die Post über die Gebühren wieder hereinholt, kann heute niemand sagen. Sicher ist nur, daß der Staat zur Einführung von ISDN und Breitbandkabel immense Vorleistungen erbringen will. Schon im Kabinett Schmidt/Genscher wurde beschlossen, daß die öffentliche Finanzierung des Projekts unumgänglich sei.

Als Gründe wurden angeführt: Nur der Ausbau digitaler Kommunikationssysteme könne die Volkswirtschaft wettbewerbsfähig erhalten, und nur diese Systeme würden zukunftssichere Arbeitsplätze schaffen. Entsprechend haben Politiker aller Bundestagsparteien – die Grünen waren damals noch nicht dabei – die Verkabelung der Republik abgesegnet. Über Btx haben die Bundesländer einen Staatsvertrag geschlossen, in dem das neue Medium rechtlich als eine Art Rundfunk betrachtet wird.

Daß zur Schaffung digitaler Kommunikationssysteme bestehende Netze miteinander verbunden werden müssen, ist als technische Frage am Rande diskutiert, nicht aber als sozial einschneidende Maßnahme begriffen worden. Die Gewerkschaften haben Ende der siebziger Jahre bei der Beschlußfassung über Btx und die Digitalisierung des Telefonnetzes geschlafen. Widerspruch kam nur aus linken, außerparlamentarischen Gruppierungen, denen der Staat massiv entgegentrat. In den letzten Verfassungsschutzberichten des Bundesinnenministers wurden Anti-Kabel-Gruppen in den Rang von Verfassungsfeinden hochgestuft.

Die linke Kritik an der verkabelten und verdateten Zukunft richtete sich immer gegen den Computer als Herrschaftsinstrument und gegen den Überwachungsstaat, den er ermöglicht. Die Gegenpropaganda aus Industrie und Regierung fälschte diesen Kritikansatz um und behauptete, die Kabelgegner seien «technologiefeindlich». Gleichzeitig gelang es dieser Propaganda, den Begriff «Informationsgesellschaft» positiv für sich zu besetzen. Bis tief in die Gewerkschaften hinein wirkt die These, der Computer sei nichts als ein Werkzeug wie jedes andere, wertfrei und nützlich. Der «Vorwärts», das altehrwürdige Organ der Sozialdemokratie, zitierte noch im November 1983 zustimmend einen Datenfachmann mit dem bezeichnenden Vergleich: «Man könnte sich ja genausogut auf den Standpunkt stellen: ‹Wir haben viele Hämmer in Deutschland. Und mit jedem Hammer kann man einen Menschen erschlagen. Und je mehr Hämmer wir haben, desto mehr Totschlagskapazität haben wir auch.›» Der Artikel stand neben einer Elektronik-Anzeige und hieß: «Mehr Computer – weniger Überwachung».

Auf der Seite der Kritiker ist dagegen das schnelle, ablehnende Urteil vor der Analyse gefällt worden. Nur so ist zu erklären, daß die Verkabeler – Staat und Elektronikindustrie – bis auf den heutigen Tag die öffentliche Diskussion auf die Frage begrenzen konnten, ob Privatfernsehen auf zwei Dutzend Kanälen eher nützlich oder eher schädlich ist. Aber das ist angesichts dessen, was kommt, das geringste Problem.

Dabei kann heute niemand sagen, daß er nicht rechtzeitig darauf aufmerksam gemacht worden wäre, was die Einführung von Bildschirmtext mit sich bringt. Eine Informationsschrift der Deutschen Bundespost registrierte schon im Jahre 1977 mit Erstaunen, daß die Experten sich nur um eine Nebensächlichkeit stritten: «In den bisherigen Diskussionen über Videotext und Bildschirmtext standen vornehmlich medienpolitische Fragen im Vordergrund, wobei die Länder, die Presse und die Bundesregierung von teilweise unterschiedlichen Standpunkten ausgingen. Bildschirmtext ist von diesen medienpolitischen Diskussionen im Gegensatz zu Videotext nicht in seiner gesamten Anwendungsbreite betroffen, da ein großer Teil der Bildschirmtextnutzungen eindeutig in den Bereich der Individualkommunikation fällt und damit ohne medienrechtlichen Bezug ist.» Dennoch ist Btx in der Öffentlichkeit behandelt worden, als ob es nur um eine neue Form ginge, die Lottozahlen und die Spätnachrichten zu übermitteln.

Als im Frühjahr 1983 der Btx-Staatsvertrag in den Länderkammern verabschiedet wurde, lagen den Parlamentariern immerhin schon Gutachten vor, die auf Gefahren für bestehende Arbeitsplätze und für den Datenschutz hinwiesen. Vor dem nordrhein-westfälischen Landtag erklärte SPD-Ministerpräsident Johannes Rau dazu abschließend, daß die Regelungen des Btx-Vertrags «einen vernünftigen und sachgerechten Ausgleich zwischen den Schutzinteressen des Bürgers auf der einen Seite und den Interessen der Wirtschaft auf der anderen Seite» böten, denn der Vertrag schließt die Landesgesetze über den Datenschutz ein. Hessens SPD-Ministerpräsident Holger Börner hob als «Erfolg» lobend hervor, daß bei Btx «personenbezogene Daten grundsätzlich nicht abgefragt und gespeichert werden» dürften.

«Grundsätzlich nicht» bedeutet in Wahrheit: für Abrechnungszwecke grundsätzlich immer und auf Antrag des Teilnehmers sowieso. Aber auf die kleinen Lügen kommt es schon gar nicht mehr an. Der Umgang mit elektronischen Netzen, der dem Bürger mit Btx beigebracht werden soll, ist durch technische Abläufe festgelegt, und die Abspeicherung von personenbezogenen Daten entsteht nicht durch jemandes guten oder bösen Willen, sondern durch das technische System.

Denn bei der Datenfernübertragung in digitalisierter Form werden alle Informationen – Schrift, Bilder, Sprache, Daten – in eine Art Vorspann und Nachspann «verpackt». Das sind die Steuersignale, die den Datenfluß durch die Netze leiten, und deren Protokollierung aus technischen Gründen notwendigerweise erfolgt. Daneben fällt – ebenso technisch notwendig – die Protokollierung aller Absender- und Empfängeradressen an.

Jede Btx-Benutzung beginnt mit der Meldung der Apparat-Nummer und einer persönlichen Kenn-Nummer, dem Paßwort. Beide Zahlen dienen der Identifikation und werden für die Gebührenerhebung nach Zeitpunkt und Dauer der Teilnahme automatisch protokolliert. Das im Wortsinne persönlich zurechenbare Paßwort ist für die Beweissicherung im Geschäftsverkehr – bei der Buchung des Flugtickets oder der Blumenbestellung bei Fleurop – notwendig und wird von den Geschäftspartnern selbstverständlich auch protokolliert. Protokolliert wird das Aufrufen jeder Seite, auf die ein Btx-Anbieter, der Urheber dieser Seite (Informationsdienst, Versandhaus, Reisebüro usw.), Gebühren erhebt. Denn nicht nur die Post will Gebühren, viele Anbieter wollen sie auch. Die Post muß diese Benutzergebühren für die Anbieter eintreiben und darüber Nachweis führen können.

Ganz besonders ausführlich wird selbstverständlich im Verkehr mit der Bank protokolliert, der gegenüber sich der Btx-Benutzer durch Angabe der Kontonummer und einer persönlichen Geheimzahl ausweisen muß. Bei allen Buchungsaufträgen, die der Btx-Teilnehmer vom Wohnzimmersessel aus abwickeln will, kommt zu diesen Daten noch eine nur einmal verwendbare, persönlich zurechenbare TAN (Transaktionsnummer) hinzu.

So hinterläßt jeder Benutzer von Btx – und das gilt für die Benutzung aller elektronischen Netze – eine breite digitale Spur, die Aufschluß über viele seiner Lebensäußerungen und, im Lauf der Zeit, ein Persönlichkeitsprofil ergibt. Die Erstellung eines solchen Profils ist dem Staat verboten. Das Bundesverfassungsgericht hat gerade erst im Sommer 1984 im sogenannten Volkszählungsurteil das Recht auf «informationelle Selbstbestimmung» zu einem unveräußerlichen Grundrecht erklärt. Das Gericht hat damit all jenen recht gegeben, die im Anlegen umfassender Personendateien eine Gefahr für den einzelnen Bürger sehen. Das Zusammenfügen von Lebensdaten und Informationen über die Lebensumstände der Bürger würde die Privatsphäre des einzelnen verletzen und wäre, so das Gericht, verfassungswidrig. Um so bedauerlicher, daß dieses Recht, kaum daß es formuliert wurde, aus technischen Gründen wieder abgeschafft ist.

Gegen den maschinenlesbaren Personalausweis, den der Bundesinnenminister immer noch so gerne einführen möchte, hat sich ein dauerhafter politischer Widerstand formiert. Denn es hat sich inzwischen herumgesprochen, daß der kontrollierende Polizeibeamte mit diesem Ausweis nicht einfach nur Name und Anschrift ausgehändigt bekommt, sondern einen elektronischen Schlüssel zu allen Datenbanken, in denen der Kontrollierte erfaßt ist. Aber dieser Ausweis ist ein Kinderspielzeug gegen die Kontrollmöglichkeiten von morgen, wenn die meisten beruflichen und ein Großteil der privaten sozialen Kontakte über digitale Netze abgewickelt werden.

Der Btx-Benutzer von morgen wird ja, wenn er abends den elektronischen Brief an die Oma verfaßt, schon einen langen Arbeitstag am Terminal hinter sich haben, an dem alle Handgriffe, die er als Buchhalter, Lagerverwalter oder Sachbearbeiter beim Finanzamt gemacht hat, ebenso persönlich zurechenbar protokolliert wurden wie die Zusammensetzung seines Mittagsmenüs in der Betriebskantine.

Der bestehende Datenschutz gebietet, daß alle diese Daten nicht gegen den Willen des Datenlassers zusammengefügt werden dürfen. Die Einhaltung dieser Schutzvorschrift läßt sich mühselig genug überwachen, solange die Weitergabe von Daten bedeutet, daß dabei beschriebenes oder bedrucktes Papier von Hand zu Hand geht und Dateien zwischen Aktendeckeln lagern. Zu schützen sind auch noch Daten in geschlossenen Rechnernetzen, wie sie – noch – die Sozialversicherungsträger oder die Finanzämter benutzen. Wenn aber personenbezogene Daten körperlos als Bits und Bytes in die öffentlichen Netze eingegeben werden, sind sie nach dem heutigen Stand der Technik *im Prinzip* auf dem offenen Markt. Weitergabeverbote sind mit geringem technischen Aufwand zu umgehen, Verbotsverstöße nicht zu kontrollieren.

An jeder sogenannten Schnittstelle, jeder Netzabzweigung in ein Anschlußgerät, kann jeder Befugte oder Unbefugte ohne technischen Aufwand den Datenfluß mit einem herkömmlichen Kassettenrecorder kopieren und auswerten. Er kann dieses machen, ohne daß die «abgehörten» Btx-Teilnehmer etwas davon merken und ohne daß er Spuren hinterläßt. Welche Möglichkeiten das Btx-Netz eröffnet, hat sich andeutungsweise während des Probelaufs in den Jahren 1982/83 gezeigt. Wie der Freiburger Kriminologe Ulrich Sieber kürzlich dem Rechtsausschuß des Bundestags berichtete, haben in diesen beiden Jahren sechzehnjährige Berliner Schüler

- gebührenpflichtige Seiten abgerufen, wobei sie die Paßwörter unbeteiligter Btx-Teilnehmer benutzten und somit deren Gebührenrechnungen erhöhten;
- «Datenfallen» eingebaut und damit die Namen und Anschriften anrufender Teilnehmer abgespeichert;
- fremde, kostenlos abzurufende Seiten mit Gebühren belegt;
- fremde Paßwörter geändert, mit der Folge, daß der berechtigte Paßwortinhaber sein System nicht mehr benutzen, der Täter jedoch mit dem erlangten Paßwort auf fremde Kosten weiterarbeiten konnte;
- beleidigende und nötigende Nachrichten unter falscher Absenderangabe versandt.

Und in einem Fall, der von den Beteiligten geheimgehalten wird, ist ein jugendlicher Hacker von seinem Homecomputer aus in den Kundenspeicher eines Versandhauses eingedrungen und hat dort – nur so zur Demonstration – das Alter seiner Großmutter auf 200 Jahre hochgesetzt.

Viele dieser Einwirkungsmöglichkeiten seien technisch beseitigt worden, beteuert die Bundespost. Technisch möglich, wenn auch ein bißchen aufwendiger, ist und bleibt der elektronische Banküberfall: Ein Mikrocomputer wird in die Btx-Leitung zwischen Bank und Kunde geschaltet. Er zeichnet den Datenfluß auf und läßt ihn danach passieren. Nur den Buchungsauftrag des Kunden, den dieser mit seiner TAN versehen hat, leitet er nicht an die Bank weiter, sondern er meldet dem Kunden nach der Speicherung der TAN, daß der Auftrag ausgeführt wurde. Mit der TAN und den abgefangenen Kundendaten kann dann das Konto geräumt werden.

Der böswillige Btx-Teilnehmer, der seinen Nachbarn nur ärgern, nicht schädigen will, braucht lediglich jeden Morgen dessen Bankkonto anzuwählen und beliebige «Geheimzahlen» einzugeben. Der Bankrechner reagiert auf wiederholte Versuche aus Sicherheitsgründen mit der Sperrung des Kontozugangs für den Rest des Tages. Weil aber auch diese Störversuche selbstverständlich protokolliert werden, würde der Täter sie zweckmäßigerweise von einer Telefonzelle aus durchführen – mit Hilfe eines tragbaren Mikrocomputers. Computerfachleute, die sich auf die Sicherung von Daten spezialisiert haben, halten deshalb Btx grundsätzlich für untauglich für den Geldverkehr. Als die Post im Sommer 1984 ihr System mit dem Hinweis verteidigte, ein Mißbrauch sei so unwahrscheinlich wie sechs Richtige im Lotto, schrieb das Hamburger Fachblatt «Datenschleuder» höhnisch: «Das ist richtig. Jede Woche mindestens ein Hauptgewinn.»

Wie wenig der Staat da, wo er empfindlich ist, den öffentlichen Netzen traut, beweist die Bundeswehr. Für wirklich wichtige Daten benutzt sie nicht einmal ihre eigenen geschlossenen Netze, sondern übermittelt Magnetbänder durch Kurier.

Daten, die aber nicht einmal zu sichern sind, können schon gar nicht geschützt werden. Niemand kann kontrollieren, wo im Btx-Netz was protokolliert und gespeichert wird. Der hessische Datenschutzbeauftragte Professor Simitis hat darauf verwiesen, daß den bestehenden Datenschutzgesetzen ein Modell von überschaubaren und abgrenzbaren Datenströmen zugrundeliegt, das durch Btx technisch überholt ist. Mit Btx, so Simitis, verlieren die Begriffe des Datenschutzes ihre Bedeutung. Weil der Ort der Speicherung beliebig verändert werden kann, kann der Bürger auch sein Recht auf Auskunft oder Löschung nicht mehr verwirklichen.

Da muß gar nicht der Überwachungsstaat bemüht werden, der den vernetzten Bürger ausforscht. Die politische Rasterfahndung in den Teilnehmerdateien ist nur eine der möglichen Varianten. Viel näherliegend ist zum Beispiel die Auswertung des Konsumverhaltens zu kommerziellen Zwecken. Das wurde schon während des Probelaufs von Btx deutlich. Da fiel auf, daß einige kommerzielle Btx-Anbieter ihre Seiten mit merkwürdig großen, einfarbigen Flächen ausstatteten. Dahinter verbarg sich ein ganz simpler Kniff. Ein argloser Btx-Benutzer, der diese Seite «abschickte», das heißt, mit einem Knopfdruck die Übernahme der Gebühr bestätigte, konnte nicht erkennen, daß der Seitenanbieter die Benutzer-Identifikation protokollierte, die in diesem Moment auf dem Bildschirm sichtbar wird. Die in Farbe erscheinende Absenderangabe unterschied sich nicht von der Hintergrundfarbe, die der Anbieter als Falle in seine Grafik gesetzt hatte. Die Grafik hatte offenbar keinen anderen Zweck, als dem Benutzer gegenüber zu verschleiern, daß seine Adresse gespeichert wurde. Ein beamteter Datenschützer, der auf das Verhalten dieser Anbieter aufmerksam gemacht wurde, hält diese Methode der Datensammlung für illegal. Aber sie ist harmlos gegenüber den Möglichkeiten, die die Vernetzung technisch bietet.

In welche Richtung die Entwicklung geht, zeigt ein Feldversuch in den USA: Der Kunde kauft im Warenhaus ein, die Preismarkierungen auf den Waren werden an der elektronischen Kasse mit einem «Scanner» gelesen. Der Kunde zahlt an dieser Kasse mit seiner magnetisch kodierten Scheckkarte, wobei der Kaufpreis automatisch von seinem Konto abgebucht wird. Alle diese Daten laufen in ein Computerprogramm, das den Namen «Scan-Behaviour» trägt. Das Programm ordnet dem Käufer, der sich mit der Scheckkarte identifiziert hat, die gekauften Produkte zu und gestaltet danach die auf diesen Käufer zugeschnittene, individuelle Werbung. Wenn er sich abends vor sein Kabel-TV-Gerät setzt, bekommt er Werbespots für die Seife auf den Schirm gesendet, die er bislang in den Regalen liegenläßt.

Aber auch der gläserne Konsument, der am Ende dieser Entwicklung steht, ist nur eine Variante im Bereich der Möglichkeiten, die die Verdatung eröffnet. Schon das Btx-System bietet einen unmittelbaren wirtschaftlichen Vorteil durch Kostenersparnis. Der fleißige private Btx-Benutzer übernimmt freiwillig und unbezahlt einen Teil der Arbeit, von der bisher Angestellte in den Verkaufsabteilungen der Industrie, den Lagern des Handels, den Agenturen von Versicherungen, Reisebüros oder Maklern gelebt haben. Bestimmte Dienstleistungen, wie die Erteilung von Auskünften am Schalter, werden ganz entfallen. So, wie sich die Bürger daran gewöhnt haben, ihre Fahrscheine in den städtischen Bussen oder U-Bahnen selbst zu entwerten oder die Fotokopierautomaten zu bedienen, werden sie sich daran gewöhnen, ein bißchen Sparkasse, Häusermakler, Post oder Konzertagentur zu spielen. Denn spielerisch wird die Übertragung von Serviceleistungen auf den Kunden angeboten. So sind einige Sparkassen inzwischen bereits dazu übergegangen, die Kunden ihre Kontoauszüge selber an Automaten ausdrucken zu lassen.

In den Verwaltungsbüros der Wirtschaft wird Btx die Arbeitsplätze verändern, sofern sie nicht vernichtet werden. Die Kombination von Telefon und Bildschirm kann «zu einer technisch multifunktionalen Arbeitsplatzausstattung ausgebaut werden», sagt der Trierer Betriebswirtschaftsprofessor Herbert Kubicek, der für die Gewerkschaft ÖTV ein umfangreiches Gutachten über die betrieblichen und sozialen Auswirkungen der neuen Netze angefertigt hat.

Kubicek warnt den Btx-Benutzer davor, daß er bisher so unterschiedliche Tätigkeiten wie das Einholen von Auskünften und Beratungen, das Buchen und Einzahlen, das Anschauen und Kaufen von Waren in Zukunft zwar bequem, aber technisch standardisiert erledigen wird. Die «formal richtige Prozedur und das exakte Einhalten von Datenformaten oder Rechtschreibregeln» werde nun auch im Wohnzimmer über den «Kommunikationserfolg» entscheiden. Mit der Nutzung von Btx werde das «betriebliche Rationalisierungsmuster auch auf den privaten Alltag» übertragen. Und das könne nicht «ohne tiefgreifende Folgen für die Persönlichkeitsentwicklung und die sozialen Beziehungen bleiben».

Die Gewerkschaft ÖTV, sagt Kubicek, habe inzwischen begriffen, was auf sie zukommt. Nur, ob es dabei auf die Gewerkschaft ÖTV noch ankommt, ist eher zweifelhaft. Wo die DGB-Gewerkschaften aufgewacht sind, gilt immer noch die alte Regel, wonach technische Entwicklungen nicht aufgehalten werden können, sondern nur die negativen Folgen durch Verträge mit den Sozialpartnern abzumildern sind. Aber der Partner spielt gerade Goldgräber.

Wie einst im Klondike stecken deutsche und multinationale Konzerne der Elektronikindustrie ihre Claims ab. Bei den Herstellern von Home- und Personal-Computern herrscht Vernichtungskampf. Die ersten sind schon ausgeschieden, die nächsten fünf Jahre werden international weniger als zehn Produzenten überleben. Die Industrie spricht dabei gerne von dem Markt, der letztlich alles schon vernünftig regeln werde, und gleichzeitig wird alles unternommen, um die Marktgesetze außer Kraft zu setzen. Die Entscheidung der Post, ihr Btx-System mit dem Übermittlungsstandard CEPT auszugestalten, obwohl zunächst das britische System «Prestel» übernommen werden sollte und obwohl Prestel wie das französische «Antiope»-System bereits erfolgreich arbeitet, kann nur mit der Sicherung eines Absatzmarktes für die TV-Geräte deutscher Hersteller erklärt werden. Von Marktwirtschaft ist da keine Spur.

In solchen Gründerzeiten sind gesetzliche Beschränkungen oder tarifliche Regelungen wenig gefragt. Das Kampfziel heißt Akzeptanz. Post und Industrie verweisen stolz darauf, daß 81 Prozent der Teilnehmer am Btx-Probelauf in Berlin und Düsseldorf bei der Stange bleiben wollen. Mit ihrer Gebührenpolitik betreibt die Post weitere Geburtshilfe. Im bestehenden «Datex-L»-Netz kostet die Stunde 50,45 Mark Übertragungsgebühr. Beim Btx soll die Stunde 1,73 Mark kosten, dazu kommt eine einmalige Anschlußgebühr. Banken oder Versicherungen werden ihre Kunden durch Gebührennachlaß bei Serviceleistungen auf den Btx-Weg locken und später ihre Dienstleistungen am Schalter verteuern.

Der Rationalisierungseffekt, den insbesondere Dienstleistungsunternehmen mit der Einführung von Btx erzielen können, ist so groß, daß der Druck auf die Kunden, das Spiel mitzuspielen, sehr hoch sein wird. Schon die Einrichtung von Kassenterminals in den Zweigstellen vieler Banken und Sparkassen, mit denen das Ausfüllen von Formularen am Schalter durch die Online-Eingabe des Kassierers ersetzt wird, hat zu Arbeitsplatzverlusten geführt. Das Fraunhofer-Institut für Systemtechnik und Innovationsforschung hat errechnet, daß alleine diese bankinternen Netze (In-House-Systeme) rund ein Viertel aller Arbeitsplätze in den Zweigstellen überflüssig machen. Wieviele der bestehenden Arbeitsplätze durch Btx vernichtet werden, kann heute noch niemand sagen. Das Ausmaß der Arbeitsplatzvernichtung wird ja auch ganz wesentlich davon abhängen, in welchem Ausmaß und in welchem Zeitraum Btx von den Bürgern angenommen werden wird. Da die Einführung des Systems schon aufgrund seiner offenkundigen Mängel nur zögernd vorangehen dürfte, ist sogar damit zu rechnen, daß Btx in der Anfangsphase per Saldo Arbeitsplätze zusätzlich schafft. Denn die Investitionen für die technische Ausstattung werden sofort wirksam. Aber die öffentlich finanzierten Investitionen für das System und das Netz werden sich auf Dauer zweifellos als eine Subvention für die betriebliche Rationalisierung erweisen. Das wirtschaftliche Risiko für die Installation des Btx-Netzes liegt bei der Post, also beim Steuerzahler. Es ist durch keinen aktuellen Bedarf gerechtfertigt, ebensowenig wie der Beginn der Verkabelung mit Glasfaser. Ein Projektleiter der Firma Siemens wird mit dem Satz zitiert: «Wir bauen dem Teilnehmer die Autobahn bis in die Wohnung, obwohl er zur Zeit nur mit dem Fahrrad darauf fahren kann.»

Wenn aber Btx erst einmal läuft, wenn dann noch das digitale Vermittlungsnetz ISDN steht, sind technische Fakten geschaffen, die tarifrechtlich nicht mehr zu steuern sind. Dann werden zum

Beispiel viele bisher Angestellte formalrechtlich als «Selbständige» am heimischen Btx-Terminal Auftragsarbeiten erledigen. Das ist dann keineswegs, wie oft behauptet, Heimarbeit, die arbeitsrechtlich immerhin noch minimal gesichert ist. Das ist dann, wie Kubicek es nennt, «Fernarbeit», die keinerlei kollektiven Schutz kennt.

Eines der wichtigsten Rechte, die das Betriebsverfassungsgesetz den Betriebsräten einräumt, ist die Mitbestimmung bei der Ausgestaltung von Arbeitsplätzen. Wachsame Betriebsräte haben in der Vergangenheit immer wieder darauf hingewirkt, daß ihre Mitbestimmung bei der Einführung von sogenannten Personalinformationssystemen gewahrt blieb. Solche computergestützten Systeme wurden in den letzten fünf Jahren in fast allen Großbetrieben auf dem Industrie-, Handels- und Dienstleistungssektor installiert. Ein Systemhersteller wirbt zur Zeit damit, daß allein durch seine Anlagen in 450 Betrieben mehr als zwei Millionen Arbeitnehmer erfaßt werden. Viele dieser Personalinformationssysteme sind den Mitarbeitern mit der Begründung schmackhaft gemacht worden, sie ersetzten nur die herkömmliche Zeitnahme. An die Stelle der Stechuhr trat die betriebsinterne Magnetkarte, die Arbeitszeitbeginn und -ende protokolliert und den Zugang zu besonders gesicherten Abteilungen auf dem Werksgelände ermöglicht. Andere Unternehmen begründeten die Einführung von Informationssystemen mit dem Hinweis auf die Verbesserung der innerbetrieblichen Organisation.

Was Informationssysteme wirklich leisten können, zeigt das Beispiel einer Kölner Firma, die mit ihrem System unter anderem auch erfaßte, wann ein Mitarbeiter wieviel Benzin für seinen privaten Pkw an der betriebseigenen Tanksäule zapfte. Die Kontrolle mußte für die Abrechnung sein und war für jeden einsehbar, bis ein Mitarbeiter die Androhung der Kündigung erhielt. Denn der Computer zeichnete nicht nur den Benzinverbrauch auf, sondern er registrierte auch die Fehltage und verknüpfte diese beiden Informationen miteinander. So konnte die Firmenleitung diesem Mitarbeiter per Computerausdruck vorhalten, daß er an einem Tag seinen privaten Pkw vollgetankt hatte, sich am nächsten Tag krankgemeldet hatte und am vierten Tag mit einem leeren Tank wieder zur Arbeit erschienen war. Denn an diesem Tag hatte er den Wagen erneut vollgetankt. Die Schlußfolgerung, daß der angeblich Kranke drei Tage lang spazierengefahren war, lag nahe. Der Mitarbeiter wurde aufgefordert, Beweise für seine Krankheit beizubringen, andernfalls sollte er entlassen werden.

Um die totale Kontrolle der Leistung und des Verhaltens der Arbeitnehmer am Arbeitsplatz zu verhindern, haben viele Betriebsräte vor der Einführung von Personalinformationssystemen den Abschluß einer Betriebsvereinbarung verlangt und auch durchgesetzt, die die Verknüpfung solcher Daten verbietet. Oftmals ist eine solche Betriebsvereinbarung erst durch ein Verfahren vor dem Arbeitsgericht erreicht worden. Im Sommer 1984 mußte das Bundesarbeitsgericht über die Klage des Betriebsrats von Rank-Xerox entscheiden, der bei der Einführung eines «Techniker-Berichtssystems» das Recht auf Mitbestimmung geltend machte. Die Unternehmensleitung argumentierte, daß Berichtssystem sei ein «unumgängliches Unternehmensführungsinstrument», das der Verbesserung der Ersatzteilversorgung und einer optimalen Lagerhaltung diene. Die Betriebsräte sahen dagegen in der vorgesehenen Datenerfassung die Möglichkeit zu einer perfekten Verhaltens- und Leistungskontrolle. Das Bundesarbeitsgericht gab dem Betriebsrat recht. Die «Frankfurter Rundschau» kommentierte den Richterspruch aus Kassel frohlockend: «Dem ‹großen Bruder› als Oberaufseher und dem ‹gläsernen Menschen› als Arbeitsuntertan – einer solchen Entwicklung ist erst einmal eine Barriere entgegengesetzt.»

Angesichts der Netze, mit denen auch alle die vielen betrieblichen Informationssysteme zu verbinden sind, drückt dieser Satz eine ganz unangebrachte Hoffnung aus. Was nützen die Betriebsvereinbarungen, wenn betriebliche Daten außerhalb des Betriebs gespeichert und ausgewertet werden können? Was würde selbst ein gesetzliches Verbot der Auswertung betrieblicher Daten nützen, wenn diese außerhalb des Geltungsbereichs des Gesetzes, an jedem beliebigen Ort im Ausland, gespeichert und ausgewertet werden können? Das gesamte Arbeits- und Mitbestimmungsrecht wird untergraben sein, wenn die Netze installiert sind.

Andere rechtliche Probleme entstehen zusätzlich durch den Übergang vom ISDN zum BIGFON. Wenn zum Beispiel jeder jedem Videofilme überspielen kann, ist die rechtliche Trennung zwischen Individual- und Massenkommunikation hinfällig, weil sie inhaltlich aufgehoben ist. Auf wen treffen dann noch die Rundfunkgesetze zu?

Der entscheidende Schritt für diese Entwicklung lag in den Beschlüssen der Post über die Verkabelung und Digitalisierung der Netze – Entscheidungen der Exekutive. Auf dem Wiesbadener Symposion zum Thema «Informationsgesellschaft oder Überwachungsstaat» fragte der Jurist Jürgen Seifert, welche Parlamente denn bei diesen Entscheidungen je mitgewirkt hätten, die «wichtiger sind als eine Grundgesetzänderung». Darauf antwortete ein Vertreter der Firma Standard Electric Lorenz mit dem Beispiel vom Hammer, der mal für Nägel, mal fürs Totschlagen taugt. Und ein Vertreter der Gewerkschaft Handel, Banken und Versicherungen sprach von der Verantwortung, die alle für die Zukunft tragen.

Der Zug ist abgefahren. Professor Kubicek, der die Integration der Netze «eindeutig zu dem» zählt, «was technisch möglich» ist und dennoch nicht gemacht werden sollte», kommt zu dem Ergebnis: «Solche Netze sind mit den gegenwärtigen Regelungsmechanismen sozial nicht beherrschbar.»

Jedenfalls gibt es, während die Glasfaserkabel schon vergraben werden, immer noch kein einleuchtendes Argument, warum wir überhaupt Breitbandnetze brauchen. Der technische Unterschied zu den schmalbandigen Netzen liegt in der größeren Übertragungskapazität. Nur mit dem Breitbandkabel können, zusätzlich zu allen anderen Übertragungsdiensten, bewegte Fernsehbilder übermittelt werden. Aber deswegen dieser Aufwand?

Am 8. Juli 1962 beförderte eine Thor-Rakete eine 1,4-Megatonnen-Wasserstoffbombe für einen Test der USA auf die Höhe von 248 Meilen über dem Johnson-Archipel im Mittleren Pazifik. Als die Bombe gezündet wurde, gingen auf Hawaii die Lichter aus. Alle

Schaltzentralen der Stromversorgung waren zusammengebrochen. Die Rand-Corporation wurde beauftragt, diese Erscheinung zu untersuchen, und sie fand die Erklärung. Bei einer Atomexplosion in großer Höhe wird ein elektromagnetischer Impuls (EMP) ausgelöst, der in weitem Umkreis alle bestehenden Magnetfelder zerstört. Die Wirkung trifft das Netzleitungssystem wie alle angeschlossenen Endgeräte. Die Endgeräte lassen sich, wenn auch mit großem Kostenaufwand, nach dem Prinzip des Blitzableiters gegen den EMP schützen. Die Ummantelung des Leitungsnetzes wäre dagegen ein aberwitziger Aufwand an Material und Kosten.

Dann entdeckte die militärische Forschung, daß Glasfaserkabel gegen den EMP unempfindlich sind. Wer Glasfaserkabel verlegt, hat nach dem atomaren Schlag immerhin das Netz für ein verwendbares Kommunikationssystem, wem immer das dann noch nützen mag.

DAS TROJANISCHE PFERD

Mit Odysseus in die Betriebssysteme

In der Literatur wird ein junger Mann namens Sinon als einer der ersten erfolgreichen Hacker beschrieben. Sinon war eine schwere Aufgabe gestellt worden, aber er löste sie mit Bravour. Er sollte in ein gegnerisches Verteidigungssystem eindringen, und ihm war dringend nahegelegt worden, dabei zu einer List zu greifen. Er sollte das gegnerische System davon überzeugen, daß er kein Angreifer war, sondern in friedfertiger Absicht kam. Nur dann, so lautete der Plan, würde das gegnerische System ihn nicht nur nicht abweisen, sondern sogar einladen, näherzutreten.

Sinon tat, wie ihm geraten. Er legte sich in den Schatten des großen, hölzernen Pferdes, das die Griechen am Strand vor der Stadt Troja verlassen hatten, und stellte sich schlafend, als die Wächter der Stadt vor die Tore traten, um nachzusehen, warum der Gaul da stand. Sinon wurde entdeckt, und er erzählte den Trojanern eine haarsträubende Räuberpistole. Seine Landsleute, die Griechen, hätten ihn schlachten wollen, aber dann hätten sie plötzlich zurückfahren müssen, um neue Befehle der Götter einzuholen. Vorher hätten sie noch auf den Rat ihres Propheten diese seltsame Attrappe gebaut, um eine beleidigte Göttin zu versöhnen. Das Pferd sei nur deshalb so groß geraten, damit die Trojaner es auf keinen Fall stehlen und durch das enge Tor in die Stadt bringen könnten. Wer aber das Pferd besitze, der habe auch die Gunst der Göttin. Die listigen Griechen würden nur darauf warten, daß die Trojaner das Pferd zerstörten und den Zorn der Göttin auf sich zögen.

Es lief genau nach Plan. Die Trojaner waren vor Mitleid über den armen Ausgestoßenen ganz außer sich und konnten das Glück nicht fassen, das ihnen dieses wertvolle Pferd zugespielt hatte. Sie rissen die Mauern ein, um es in die Stadt zu schaffen und bewirteten Sinon wie einen lieben Gast. In der Nacht kletterten dann die griechischen Krieger aus dem hohlen Bauch des Tieres, und der Rest der Streitmacht, der hinter der nächsten Insel auf der Lauer gelegen hatte, fiel von der Seeseite her durch das Loch in der Mauer in die Stadt ein. Troja wurde zerstört.

Die Kriegslist der Griechen, von Odysseus erdacht, von Sinon in die Tat umgesetzt und von Homer und Vergil überliefert, zielte auf ein sehr menschliches Verhaltensmuster. Wenn alle Umstände signalisieren, daß die Situation *stimmt*, daß alle Einzelheiten zueinander passen und mit den Erfahrungswerten übereinstimmen, dann läßt sich jeder ein X für ein U vormachen. Das gilt für Priamos, den Verteidiger von Troja, wie für das Betriebssystem eines IBM-Computers.

Wem diese Parallele unstatthaft erscheint, der frage einen freundlichen Computerfachmann nach den Prinzipien, die der Arbeitsweise, dem Aufbau und dem Schutz eines modernen Großrechners im Online-Datenverkehr zugrunde liegen. Wer über die Hacker lächelt, wenn sie von den elektronischen Ausflügen in ferne Datengefilde schwärmen, der höre einmal den Romantikern zu, die in den Konstruktionsbüros der Hard- und Software-Hersteller sitzen und über «Falltüren» und «Trojanische Pferde» nachdenken. Die wahren Märchenerzähler sitzen dagegen, wie gewohnt, in den Werbeabteilungen der Elektronikindustrie und verbreiten die Sage vom Computer, der nichts als ein Werkzeug sei, nützlich und wertfrei wie ein Hammer. Wenn sie diese Fabel noch mit Zukunftsbildern ausstatten, dann ist die Rede vom Computer, der die Gesellschaft wahrhaft demokratisiert, der die Trennungen zwischen Staaten und Klassen aufhebt, der Informationen schnell und preiswert an Arme wie Reiche verteilt und mit dessen Hilfe die Fron der schweren Muskelarbeit und die Last stupider, gleichförmiger Kopfarbeit abzuschütteln sei. Erst der Computer, heißt es, werde die Kreativität des Menschen freisetzen.

Diese Entwicklung ist nicht auszuschließen, aber es wird nichts getan, um sie einzuleiten. Und im Konzept der Rechner und der Netzsysteme ist sie auch nicht vorgesehen. Professor Joseph Weizenbaum, Informatiker und Computerexperte, hält den Theoretikern einer heilen Computerwelt gerne entgegen, sie vergäßen, wozu Computer ursprünglich bestimmt waren. Weizenbaum: «Computer sind erfunden worden, um die bestehenden Herrschaftsverhältnisse zu sichern.»

Es ist weithin bekannt, daß im nationalsozialistischen Deutschland Konrad Zuse gegen Ende der 30er Jahre eine computerähnliche Rechenmaschine baute, daß ein paar Jahre später die Amerikaner Aikin und Stibitz digital arbeitende Relaisrechner erfanden und daß Mitte der 40er Jahre ihre Kollegen Mauchly und Eckert mit dem Bau elektronischer Digitalrechner begannen. Schon weit weniger bekannt ist, welche besondere Notlage der neuen Technologie zum Durchbruch verhalf. Als die USA nach dem Überfall der Japaner auf Pearl Harbour Ende 1942 in den Krieg eintraten, hatten ihre Militärs große ballistische Probleme. Der Einsatz neuer Artilleriewaffen war von der Funktionsfähigkeit sogenannter Feuertafeln abhängig. Eine solche Tafel, mit deren Hilfe die Geschütze ausgerichtet wurden, verzeichnete etwa 3000 unterschiedliche Flugbahnen, die aus den Faktoren Entfernung, Windrichtung oder Feuerkraft berechnet waren. Für die Berechnung ballistischer Flugbahnen reichen aber die vier Grundrechenarten nicht aus. Es mußte eine automatische Rechenmaschine gefunden werden, die Differentialgleichungen lösen konnte. Dazu waren schon die Rechner von Aikin und Stibitz geeignet. Das zweite Problem war die Schnelligkeit der Berechnungen. Der sogenannte Differential-Analysator, eine Rechenmaschine, die schon vor dem Kriege am Massachusetts Institute of Technology entwickelt worden war, brauchte für die Berechnung einer einzigen Feuertafel noch rund 30 Tage. Allein aus diesem Grund schlugen Mauchly und Eckert im Jahre 1943 vor, für den Bau von digitalen Rechnern in Zukunft Elektronenröhren zu verwenden. Die beiden Experten versprachen sich davon die Verkürzung der Rechenzeit für Feuertafeln auf ein Zehntel.

Das Projekt wurde vom ballistischen Forschungszentrum Aberdeen Proving Ground gefördert. Bei der Arbeit an einem verwendbaren Computer bildeten sich zwei technologische Stoßrichtungen aus. Eine Wissenschaftlergruppe um von Neumann versuchte, das Problem der Rechengeschwindigkeit in den Griff zu bekommen. Eine andere Gruppe um Norbert Wiener dachte über die Frage nach, wie Geschosse während des Fluges gelenkt und damit treffsicherer gemacht werden konnten. Sie suchten nach der Möglichkeit, die tatsächlichen Daten einer Geschoßbahn mit der vorher errechneten ballistischen Kurve zu vergleichen und Abweichungen durch Steuerbefehle zu korrigieren. Dieses Prinzip der Rückkopplung wurde das Kernstück der von Wiener begründeten Kybernetik.

Obwohl beide Arbeiten während des Krieges nicht mehr abgeschlossen werden konnten, war das Forschungsprojekt sehr erfolgreich. 1946 war der erste elektronische Computer ENIAC (Electronic Numerical Integrator And Computer) fertig. Der Rechner arbeitete hundertmal schneller, als sein Erbauer, Professor Mauchly, vorausgesehen hatte, und er war tausendmal schneller als der Differential-Analysator. Für den Krieg kam er zu spät, aber für die Weiterentwicklung der Atombombe kam er gerade rechtzeitig. ENIAC wurde im atomaren Forschungszentrum in Los Alamos eingesetzt. Das ENIAC-Team entwickelte außerdem das Konzept für einen Universalrechner mit interner Programmspeicherung. Es ist bis heute das Grundprinzip aller Computer geblieben.

Von Anfang an war die technologische Entwicklung von der militärischen Interessenlage bestimmt. Zwar stieg die Industrie, der durch die militärische Forschung ein Großteil der notwendigen Entwicklungskosten abgenommen wurde, bald in das Geschäft ein. Aber wohin die Reise technologisch ging, bestimmte weiterhin das Militär.

So geriet zum Beispiel 1948 am MIT ein Projekt in die Krise, das den Namen «Whirlwind» trug und das bereits vier Jahre lang konkrete Ergebnisse gebracht hatte. «Whirlwind» sollte die sogenannte Echtzeit-Verarbeitung von Daten ermöglichen. Die bisherigen Rechner verarbeiteten die Daten nur gesammelt als Stapel («Batch processing»). Jetzt sollten Daten unmittelbar nach dem Eintreffen verarbeitet werden, damit sie das Ergebnis eines laufenden Steuerprozesses beeinflussen konnten. Aber für einen solchen «dialogfähigen» Rechner bestand drei Jahre nach Kriegsende aus militärischer Sicht noch kein Bedarf. Erst als im Verlauf des Kalten Krieges die Sowjetunion eigene Atombomben und Raketenwaffen entwickelte, erinnerte sich das Pentagon wieder des Echtzeit-Projekts. Jetzt ging es darum, ein Frühwarnsystem aufzubauen, bei dem es auf kurze Reaktionszeiten ankam. «Whirlwind» wurde 1950 in die Förderung der US-Luftwaffe einbezogen. Der Rechner wurde das Kernstück des SAGE-Systems (Semi-Automatic Ground Environment Air Defense System). Die Daten, die SAGE lieferte und «Whirlwind» verarbeitete, mußten sofort lesbar gemacht werden. Deshalb koppelten die Techniker der Luftwaffe den Computer an die bereits vorhandenen Radarschirme. Der Monitor war erfunden.

Mit dem Ausbau des SAGE-System entstand bei den Militärs der Wunsch nach einem Computernetz, das selbst nach Bombenangriffen noch funktionsfähig sein mußte. Die Arbeitsgruppe ARPA (Advanced Research Projects Agency) beim US-Verteidigungsministerium ließ deshalb Anfang der sechziger Jahre von Remington Rand das Konzept des «Packet switching» (Paketverteilung) für Rechnernetze entwickeln. Bei diesem Verfahren wird eine Nachricht in «Pakete» aufgeteilt und auf getrennten, voneinander unabhängigen Wegen durch das Netz zum Empfänger geschleust. Wenn dann die Pakete noch mehrfach gesendet werden, kommt die Nachricht selbst nach der Zerstörung eines Großteils des Netzes noch mit großer Wahrscheinlichkeit beim Empfänger an. Die Paket-Aufteilung hat jedoch zur Folge, daß die Übertragungsgeschwindigkeit abnimmt, je länger die Nachricht ist. Denn die Steuerelemente im Netz sammeln die ankommenden Daten und warten mit der Weitergabe, bis das Paket «voll» ist. Dieses Übertragungsverfahren kann nicht im Interesse kommerzieller Netzbenutzer liegen. Private EDV-Benutzer wie Banken oder Versicherungen wollen große Datenmengen schnell versenden.

Der deutsche Informatiker D. Schnupp, der ein Lehrbuch über Rechnernetze schrieb, vermutet den Grund für die Entwicklung des Packet switching darin, «daß bei der Netzplanung offenbar der Benutzerwunsch nach Übertragung langer Datenströme schlicht vergessen wurde». Wenn Rechnernetze durch Bombardierungen zerstört sind, wenn das Packet switching erst seinen wirklichen Zweck erfüllen kann, dann reicht allerdings die Übertragungsgeschwindigkeit des ARPANET aus, weil dann die Militärs keine langen Informationen lesen, sondern kurze Befehle senden wollen. Das Packet switching wurde ein international gebräuchlicher Standard. In der Bundesrepublik ist diese Übertragung für private Kunden nur deshalb interessant, weil die Post dafür vorteilhafte Gebühren anbietet. Der Kunde muß nur für die gesendeten Daten zahlen, die Pausen zwischen den einzelnen Paketen sind gebührenfrei.

Weil Marktchancen bei der Entwicklung von Computern anfangs keine Rolle spielten, blieb die kommerziell angewandte Informatik in den USA lange unterentwickelt. Trotz hoher staatlicher Vorleistungen – bis in die Mitte der sechziger Jahre kamen die Hälfte der Aufwendungen für Forschung und Entwicklung aus dem Verteidigungshaushalt – war das Interesse der Privatwirtschaft an den neuen Rechenmaschinen zunächst gering. Die technologisch wertvollsten Großrechner der Firma Remington Rand, zum Beispiel, waren für die Atomforschungszentren in Los Alamos und Livermore bestimmt und unter kommerziellen Gesichtspunkten ein Reinfall. Die Weichensteller der Computertechnologie waren alles andere als Anhänger der Theorie von der informierten Gesellschaft, und an die demokratisierende Kraft der Rechner verschwendeten sie auch keine Gedanken. Der Taschenrechner hat mit den Gründen für die Entwicklung von Computern so viel – oder so wenig – zu tun wie die Teflonpfanne mit den Gründen für die Raumfahrt. Beides sind Abfallprodukte. Computer wurden für Waffensysteme gebraucht – zur militärischen Sicherung politischer Herrschaftsverhältnisse. Folglich hatten die Computer selber den Charakter von Waffensystemen.

Als die Trojaner das hölzerne Pferd, das ihnen als Glücksbringer erschien, in die Stadt schaffen wollten, begegnete ihnen Kassandra, die alte Seherin. Sie erhob ein großes Geschrei und warnte vor dem Geschenk der Griechen. Kassandra gehörte zu den Besten ihrer Zunft. Alles, was sie vorausgesagt hatte, war regelmäßig eingetroffen. Aber ebenso regelmäßig war ihren Voraussagen nicht geglaubt worden. Auch diesmal erntete sie nur Spott und Gelächter. Wer, wie der Experte Josef Weizenbaum, warnend darauf hinweist, daß die Computertechnologie Ausdruck einer bestehenden gesellschaftlichen Situation sei und deshalb die Eigenheiten dieser Situation teile, läuft Gefahr, verlacht zu werden. Nach dem Erkenntnisstand der Naturwissenschaften, so lautet die Gegenthese, könne eine Technologie weder gut noch böse sein, also auch keinen bewertbaren «Charakter» haben. Dieses Argument übersieht das wichtigste Merkmal der Computertechnologie. Die Erfindung des Rades, der Dampfmaschine oder des mechanischen Webstuhls hatten dem Menschen Muskelarbeit abgenommen. Mit der Erfindung des Computers übertrug der Mensch zum ersten Mal Kopfarbeit auf eine Maschine. Die Übertragung von Kopfarbeit wurde möglich, weil der Computer menschliches Wissen laden konnte. Das Arbeitsergebnis und die Methode der Arbeit eines Computers waren bestimmt durch das Wissen, das ihm aufgeladen war und das Bestandteil der Technologie wurde. Oder, in den Worten des Computerfachmanns Jacques Vallee: «Es erfordert mehr als elektrischen Strom, einen Computer in Betrieb zu nehmen: es bedarf eines *Programms*. Dieses Programm gibt nicht nur die Ausgangspunkte des Programmierers wieder, sondern auch die Vorurteile und Beschränkungen der gesamten Gesellschaft um ihn herum.»

Das gesellschaftliche Umfeld, in dem ENIAC und seine Nachfolger entstanden, dachte in den Kategorien von Angriff und Verteidigung. Die Großrechner waren Werkzeuge, mit denen man die militärische Überlegenheit aufrechterhalten konnte, und sie waren ebenso kostspielige wie empfindliche Werkzeuge. Sie mußten in besonders gesicherten Räumen untergebracht werden, in denen Klimaanlagen für gleichbleibende Temperatur und Luftfeuchtigkeit sorgten. Sie mußten gegen Stromausfall geschützt werden wie ein Patient an der künstlichen Lunge. Die Werkzeuge, die der Sicherheit dienen sollten, mußten selber auf eine bis dahin nicht gekannte Art gesichert werden.

Als die großen Rechner billiger, schneller und zuverlässiger wurden, entdeckten Banken, Versicherungen und Industriekonzerne, daß die neuen Geräte sich hervorragend für die Verwaltung großer Karteien, die Lösung vielschichtiger Organisationsaufgaben oder die Steuerung von Produktionsprozessen eigneten. Der Siegeszug der Rechner war anfangs stark gebremst. Anschaffung und Wartung der Riesenmaschinen verschlangen siebenstellige Dollarsummen. Den Durchbruch brachte ein Verfahren, das wiederum von den Militärs durch Vergabe von Forschungsaufträgen vorfinanziert worden war. Zunächst in den USA, später auch in Westeuropa, boten Computer Serviceunternehmen die Dienste eines Großrechners mehreren Benutzern an. Das Verfahren, nach dem diese Benutzer sich den Gebrauch der Maschine teilten, erhielt den Namen «Time-sharing», weil die Benutzer jeweils nur einen kleinen Teil der Arbeitszeit des Rechners in Anspruch nehmen konnten. Bei dem bis heute üblichen «Time-sharing»-Verfahren bearbeitet ein Rechner gleichzeitig viele Benutzerprogramme. Die Verteilung der Rechenzeit wird von einer sogenannten Zeitscheibe vorgenommen, die dem einzelnen Benutzer eine bestimmte, kurze Arbeitszeit einräumt – zum Beispiel zwei Millisekunden. In dieser kurzen Zeitspanne bearbeitet der Rechner nur das entsprechende Benutzerprogramm. Wenn diese zwei Millisekunden zur Erledigung der Aufgabe nicht ausgereicht haben, springt der Rechner zum nächsten Programm, macht die Runde durch alle angeschlossenen Benutzerprogramme und kehrt zum ersten Benutzer zurück. Die rasche Folge, in der die unterschiedlichen Aufgaben mit hoher Arbeitsgeschwindigkeit erledigt werden, läßt bei dem einzelnen Benutzer das Gefühl aufkommen, daß die Zentraleinheit des Rechners nur für ihn tätig sei. Das Time-sharing-Verfahren war so erfolgreich, weil es ökonomisch sinnvoll war. Die beteiligten Wirtschaftsunternehmen konnten die Vorteile der Datenverarbeitung nutzen, ohne das Risiko auf sich nehmen zu müssen, das mit dem Kauf eines teuren, technisch anfälligen Systems verbunden war. Das finanzielle Risiko lag beim Serviceunternehmen und wurde von diesem mit hohen Preisen für die knappe Rechenzeit ausgeglichen. Die am «Time-sharing» beteiligten Benutzer stellten hohe Anforderungen an die Diskretion des Systems. Mit der Auslagerung von Arbeit in den Rechner des Serviceunternehmens gaben sie ihr Innerstes preis: Namen und Daten von Kunden, Steuerbilanzen und Gewinnrechnungen, Konstruktionsverfahren und Patente. Für die Übertragung der Kundendaten an den Rechner bildeten sich verschiedene Verfahren heraus, die man organisatorisch danach unterscheiden kann, ob die Daten schon beim Kunden oder erst im Rechner in eine computerlesbare Form gebracht wurden oder ob es beim Kunden oder im Rechner eine Zwischenspeicherung gab. Das Verfahren, das sich schließlich technisch wie organisatorisch durchsetzte, heißt «Online-Verarbeitung» oder «direkte Datenverarbeitung». Dabei werden die übertragenen Daten beim Rechner nicht erst auf Lochkarten oder Magnetband zwischengespeichert, sondern sie gelangen direkt in die Zentraleinheit zur Verarbeitung. Der Kunde hat in seinem Betrieb eine Datenstation, die den Datenfluß vom und zum Rechner maschinenlesbar übersetzt. Das war in den Anfangsjahren ein Fernschreibgerät, inzwischen längst ersetzt durch das übliche Terminal – das Datensichtgerät mit Monitor und Eingabetastatur.

Für den Benutzer haben alle Methoden der Datenfernverarbeitung einen Nachteil, der auf der Hand liegt. Für die Verarbeitung müssen Daten außer Haus gegeben werden, die normalerweise als Geschäftsgeheimnisse im Firmentresor aufbewahrt werden. Bei der Datenfernübertragung, die im Rechenzentrum in der gleichen Stadt, aber auch Hunderte oder Tausende von Kilometern entfernt stattfinden kann, werden die Informationen auf dem Weg zum und vom Rechner durch die bestehenden Netze geschleust – im Normalfall durch das Telefonnetz. Im Online-Verfahren, bei dem die Zwischenspeicherung der Informationen entfällt, gibt es keine technisch bedingte Trennung zwischen Datenübertragung und Datenverarbeitung. Der deutsche Informatiker Harald Schumny schreibt in seinem Lehrbuch «Signalübertragung»: «Online oder direkte Datenverarbeitung erfolgt zeitgleich mit der Datenübertragung. Übertragung und Verarbeitung sind zu einem System integriert.»

Seit die Computer an die Netze gingen, sind die Daten, die sie verarbeiten, technisch gesehen auf dem offenen Markt. Was durch die Leitungen der öffentlich zugänglichen Datennetze geschickt wird, ist öffentlich zugänglich wie ein Obststand auf der Straße. Die Beteiligten an der Datenverarbeitung handeln aber nicht mit Äpfeln und Birnen. Die Kunden von Time-sharing-Rechenzentren oder die Banken, die ihre Computer über die öffentlichen Leitungen miteinander verbinden, wollen höchst wertvolle Informationen oder große Geldsummen transferieren. Sie stehen vor der Aufgabe, die Goldgruben auf der Straße zu sichern wie die Goldgräber ihre Claims im Klondike. Aber das Eigentum an Bits und Bytes ist nicht mit Stacheldrahtverhauen und Colts zu schützen. Mit dem Beginn der kommerziellen Datenfernübertragung begann die Suche nach geeigneten, technischen Schutzvorrichtungen, mit denen Rechner und Daten gegen Angreifer von außen zu sichern sind.

Alle Großcomputer, die sich für den Online-Datenaustausch oder gar für das Time-sharing-Verfahren eignen, sind nach dem gleichen Grundschema aufgebaut. Im Zentrum sitzt das Betriebssystem, das alle Rechenvorgänge steuert. Daran schließen sich nach außen die Compiler an, die höhere Programmsprachen in maschinenlesbare Signale übersetzen. Es folgt die Software, die das Time-sharing-Verfahren regelt, und am Rande sind die Programme für die Anwendung angesiedelt. Der Zugang zum System erfolgt von außen durch das Interface, ein Programm, das ankommende Signale identifiziert und an die Abteilungen des Systems weiterleitet. Es gehört keine ausschweifende Phantasie dazu, im Schema dieses Aufbaus den Grundriß einer Verteidigungsanlage zu erkennen. Adrian R. D. Norman, britischer Computerwissenschaftler und als Regierungsbeauftragter Mitglied der Expertengruppe für Computersicherheit bei der OECD, vergleicht Betriebssystem, Telefon-Interface und Arbeits- und Anwenderprogramme eines Computers mit dem Burghof, dem Wachtturm und dem Wallgraben einer mittelalterlichen Burg. «Wie diese Burgen», so Norman, «haben Computersysteme konzentrische Verteidigungsringe, die sich gegenseitig ergänzen.» Alarmsysteme sollen den Angreifer abschrecken und den Überfall rechtzeitig melden. Die Truppen in den Wachttürmen sollen den eingedrungenen Schurken stellen und identifizieren. Eine Reservetruppe soll den Schaden reparieren und die Anlage wieder betriebsbereit machen. Die Schwachstelle dieses Verteidigungssystems ist der Anschluß an die Telefonleitung, laut Norman: «Ein Laufgraben, der auch den Unberechtigten Zutritt zum Burghof ermöglicht.»

Kein Hacker würde da widersprechen. Die Berliner «tageszeitung» drückte aus, was bundesdeutsche Netzpiraten empfinden, wenn sie abends von ihrem Commodore C 64 oder dem Apple II aus auf Kreuzfahrt gehen: «Ein großes Software-System ist wie ein verwunschenes Schloß: was auf den ersten Blick übersichtlich und wohlgeordnet wirkt, hat viele geheime Gänge, rätselhafte Türen, verbotene Räume. Ein illegaler Besucher findet ohne weiteres Wege, etwas hinein- oder herauszuschmuggeln oder auch, von anderen unbemerkt, dort aufzubewahren.»

Schon bei der Grundsteinlegung der elektronischen Schlösser und Burgen feierten ungebetene Gäste mit. Als am Massachusetts Institute of Technology (MIT) im Auftrag des Pentagon Timesharing-Programme entwickelt wurden, überwanden Ritchie Greenblatt und seine Freunde vom Tech Model Railroad Club spielerisch die eingebauten Zugangskontrollsysteme. Mit der Erfindung immer neuer Sicherheitsstandards wuchs bei den Hackern die Bereitschaft und die Fähigkeit, sie zu knacken. Für die elektronischen Sperren gegen unbefugte Benutzung von Computern gilt die Lebensregel, die der Sicherheitsexperte Norman seufzend formulierte: «Im allgemeinen ist der erschwerte Zugang eine Herausforderung für den Angreifer, so wie der schwierige Gipfel den Bergsteiger anzieht.»

Es gibt längst eine umfangreiche Forschung über Computersicherheit. Die Summen, die für den Schutz des Eigentums an Daten und Geräten ausgegeben werden, machen heute einen nennenswerten Anteil an den Gesamtkosten für Soft- und Hardware aus. Aber auch die modernste Technologie für Computersicherheit greift immer noch auf die Verteidigungsmodelle der Vorfahren zurück. Der moderne Burgherr läßt, wie sein Vorgänger vor 800 Jahren, jeden Ankömmling nach der Parole fragen. Wer sie nicht weiß oder wem sie nicht schnell genug einfällt, der bleibt draußen. Wenn der zutrittsberechtigte Benutzer die richtige Parole, das Paßwort, eingegeben hat, geleitet ihn der elektronische Türsteher, das Interface, am Innenhof mit dem Betriebssystem vorbei in den äußeren Wallring, wo die Anwenderprogramme laufen. Dort wird das Datum und die Uhrzeit seiner Ankunft protokolliert, und der Hausmeister, das Programm für die Timesharing-Operation, weist dem fernen Kunden seinen Arbeitsplatz zu und holt das Werkzeug aus der Programmbibliothek herbei. Damit der Besucher nicht in Versuchung geführt wird, die Programme der anderen Anwender zu durchstöbern, sind alle Werkzeuge, die in den Nachbarräumen lagern, unter elektronischem Verschluß. Darüber wacht das Zugriffssicherungssystem, das die Programme nur herausgibt, wenn das dafür bestimmte Paßwort genannt wird.

Wenn alle Schlüssel passen, wenn der Benutzer alle vereinbarten Parolen kennt und an der richtigen Stelle aufsagt, dann soll er seine Rechenaufgabe lösen lassen, nach Beendigung der Arbeit die Programme wieder in die Bibliothek räumen und sich vom Rechner mit einem Tastendruck verabschieden. Er sollte dann auch das Gefühl haben, daß seine Aufgaben sicher und diskret gelöst werden, wie ihm sein Partner, das Time-sharing-Unternehmen, versprochen hat. Statt dessen könnte es ihm so ergehen wie den Kunden britischer Rechenzentren, die 1981 im Mitteilungsblatt einer Gruppe, die sich CRANK nannte, lesen mußten: «CRANK hat etwa 20 Mitglieder, die aus der Computerindustrie kommen oder Schüler und Studenten sind. Wir wollen uns organisieren und haben gerade damit begonnen, ein monatliches Nachrichtenblatt herauszugeben, das Informationen über die Computer verbreitet, zu denen wir Zugang haben. Zur Zeit sind das 30 Computer, die wir über das Telefon und die Datennetze erreichen, darunter Rechner der Typen IBM 360 und 370, ICL 1900 und

2900, CDC 6600 und 7600, Honeywell Sigma, HP 2000, PDP 11 und DEC 10 und 20. Die Rechner befinden sich in Universitäten und Privatunternehmen. Wir haben ebenfalls Zugang zu einigen Rechnern in den Vereinigten Staaten, die wir über mehrere Datennetze erreichen können. Unsere Spezialität ist das DEC System 10, weil wir alle damit groß geworden sind. In den vergangenen fünf Jahren haben wir immer wieder Fehler in den Betriebssystemen gefunden, die es möglich gemacht haben, an alle gespeicherten Programme zu kommen. Einschließlich der durch Kontonummer/Paßwort geschützten Programme. Wir haben es geschafft, Kopien dieser Programme von mehreren Rechnern zu erhalten, darunter von einem großen Time-sharing-Unternehmen in London, das von sich behauptet, seine Sicherheitssysteme seien ‹noch nie durchbrochen› worden.»

Mitteilungen wie diese, in denen ganz unverhohlen die Freude über den geglückten Tritt vors Schienbein mitschwingt, wurden seit je von der Gegenseite, der Computerindustrie, sehr ernst genommen. Diese Selbstdarstellung britischer Hacker war übrigens Thema einer internationalen Konferenz über Computersicherheit in Monte Carlo, die – der Hang zum Pathos eint Angreifer und Verteidiger – den Namen «Top Secret 81» trug. Für die Time-sharing-Unternehmen, die ihren Kunden gegen teures Geld Rechenzeit für diskrete Geschäfte zur Verfügung stellen, konnte es nicht geschäftsfördernd sein, wenn bekannt wurde, daß unautorisierte Dritte in den Kundendateien mitlasen. Die britischen Hakker, die sich damit brüsteten, daß sie auf einem bestimmten Rechner der US-Firma Digital Equipment ihr Handwerk gelernt hatten, wiesen damit auf ein Problem hin, das die Branche schon seit Anbeginn quält: Wie soll man einen Computer gegen Eindringlinge von außen schützen, wenn schon die eigenen Fachleute innerhalb der Firma dem Hang zum elektronischen Wildern erliegen? In einem Rechenzentrum stehen die Mauern Trojas nicht an der Pförtnerloge, sondern am Interface des Telefonanschlusses. Der listige Odysseus schickt sein Pferd vielleicht von weither durch den Draht, vielleicht auch vom Terminal in der eigenen Buchhaltung.

Donn B. Parker, Kriminologe am Stanford Research Institute

(SRI) und eifriger Forscher in Sachen Computerkriminalität, glaubt, daß es über die Trojanischen Pferde des Computerzeitalters mehr erfundene als wahre Geschichten gibt. Das SRI ist vielen in der Branche kursierenden Berichten nachgegangen, nur wenige ließen sich verifizieren. Eine Geschichte führt in den Süden der USA, wo John McCloud 1980 als Programmierer in einem kleinen Finanzmaklergeschäft eine Vertrauensstellung hatte. Jimmy Saturn, der Inhaber des Geschäfts, das hauptsächlich mit Wechseln handelte, hatte McCloud als Berater eingestellt, nachdem dieser von der Computerherstellerfirma entlassen worden war, für die er bis dahin gearbeitet hatte. Er sollte das Programm für das neue Datapoint 5500 System verbessern, das sich die Agentur kurz zuvor zugelegt hatte.

John McCloud steckte zu diesem Zeitpunkt in vielen privaten Schwierigkeiten. Mit dem alten Job hatte er seine Freundin verloren und sich mit Glücksspielen über die Krise hinweggetröstet. Als er bei Saturn anfing, steckte er bis über die Ohren in Schulden. Deshalb brachte er dem Computer ein neues, ganz privates Buchhaltungsverfahren bei. Nach dem in der Agentur üblichen Verfahren las der Computer die Daten der angekauften Wechsel, führte die Verkaufskonten und speicherte die Bestände. Die Computerausdrucke enthielten Buchstabenkürzel, die auf die Art der einzelnen Geschäftsvorfälle hinwiesen, auf An- und Verkauf, Stornierung oder Ausbuchung. John McCloud fügte den bis dahin gebräuchlichen Kürzeln ein neues, ein «E», hinzu. Den Kollegen erklärte er, das E bezeichne eine Prüfroutine des Programms. Nur er allein wußte, daß E für Enteignung stand.

Die Programmänderung, die sich in Wahrheit hinter der E-Eingabe verbarg, bestand aus nur sechs zusätzlichen BASIC-Befehlen. Sie bewirkte, daß die mit einem E gekennzeichneten Wechsel auf keinem Computerausdruck mehr auftauchten. Nun brauchte McCloud nur noch einige Wechsel mit seinem Enteignungszeichen zu versehen. Dann konnte er sie nach Bedarf stehlen und einlösen. Wenn er sich auf diese Weise Geld verschafft hatte, fiel zwar manchmal auf, daß die Summenstatistik nicht mehr stimmte, aber das wurde stets dem neuen System angelastet. Für Computerbenutzer ist nichts selbstverständlicher als ein Computerfehler. Manchmal, wenn McCloud beim Spiel gewonnen hatte, zahlte er das «geliehene» Geld auch wieder zurück. Dafür hatte er ein anonymes Konto eingerichtet, über das er den Geldzufluß wieder ausgleichen konnte.

Zu Anfang des Jahres 1981 hatte McCloud eine Pechsträhne. Immer häufiger mußte er den Kreditrahmen, den er sich selbst geschaffen hatte, in Anspruch nehmen. Schließlich fehlten 100000 Dollar in der Abrechnung. Jimmy Saturn bat die Buchhaltungsfirma, die seine Agentur betreute, um eine Überprüfung. Dazu kam es aber erst drei Monate später. Am Vorabend des Prüfungstermins griff McCloud in Panik zu einer klassischen Verschleierungstaktik. Er brach in das Büro ein, stahl alle belastenden Dokumente und ein paar Blankowechsel und löschte seine Programmänderung. Am folgenden Tag kamen nicht nur die Buchprüfer, sondern auch die Polizei. Schon die Auflistung der entwendeten Wertpapiere führte zu McCloud und seinen E-Wechseln. McCloud gestand.

«Dies ist eine klassische und einfache Variante des Trojanischen Pferdes», schreibt Donn B. Parker. Das Buchhaltungsprogramm hatte den Computer zu einem Versteck für gestohlene Wechsel gemacht. Während das System scheinbar normal funktionierte, bewirkte eine Programmroutine, daß ein Teil des Wertpapierbestandes der visuellen Kontrolle entzogen war. Die Absicht des Täters, die Programmroutine nur vorübergehend für die Begleichung von Spielschulden zu nutzen, war an seiner Spielleidenschaft, nicht an dem von ihm installierten Trojanischen Pferd gescheitert. Dieser Fall, der vor einem Richter endete, macht gleichzeitig deutlich, weshalb es so wenige Nachweise Trojanischer Pferde in Computerprogrammen gibt. Denn im Normalfall funktionieren sie unauffällig und ohne Spuren zu hinterlassen.

Wie listig ein Trojanisches Pferd eingesetzt werden kann, zeigt die folgende Variante: An einer schottischen Universität gelang es 1976 einem Studenten, in den Besitz einer ganzen Reihe von Paßwörtern der anderen Mitbenutzer eines Time-sharing-Rechners zu kommen. Er hatte zu diesem Zweck ein Programm geschrieben, das er «versehentlich» im Arbeitsspeicher ließ, wenn er seine Arbeit beendet hatte. Der nachfolgende Benutzer stieß auf dieses Programm, das ihm vorgaukelte, das Betriebssystem zu sein. Es forderte ihn auf, den Eröffnungsritus samt Eingabe des Paßworts abzuwickeln, und simulierte gleich danach einen Rechnerabsturz. Der arglose Benutzer wiederholte dann das Eingangsritual und landete erst jetzt beim Betriebssystem des Rechners. Er ahnte nicht, daß die Absturz-Simulation nur dazu gedient hatte, sein Paßwort zu protokollieren. Dieser Fall, den Sicherheitsexperten für eine typische und weit verbreitete Variante des Trojanischen Pferds halten, wurde zwei Jahre später nur deshalb bekannt, weil der Student seine Methode Freunden weitererzählt hatte.

Auch andere Trojanische Pferde sind nur durch Zufall bekannt geworden, denn zu ihren Eigenheiten gehört es, daß sie durch systematische Kontrollen nicht zu entdecken sind. Im Frühjahr 1984 mußte eine US-Universität einen neuen Computer anschaffen, weil der alte Rechner eine Schwäche zeigte, die trotz aller Anstrengungen nicht zu beseitigen war. Die Speicherkapazität des alten Geräts reichte nie für die anfallende Arbeit aus. Der Rechner quoll immer wieder über. Erst nachdem der neue Computer angeschafft war und ein Aufsichtsgremium die hohen Kosten für den zweiten Rechner bemängelt hatte, wurde zufällig entdeckt, daß der alte Rechner einem ehemaligen Universitätsassistenten heimlich den Lebensunterhalt verdiente. Der Assistent hatte jahrelang diesen Rechner für sein privates Time-sharing-Unternehmen benutzt und dadurch die vollen Speicher verursacht.

Voraussetzung für den Einbau von Programmroutinen, die als Trojanische Pferde zum Nutzen des unbefugten Eindringlings dienen, ist die Beherrschung der Systemtechnik. Wer die Struktur des Betriebssystems und die Organisation des Programmablaufs kennt, kann den Computer «mißbrauchen», jedenfalls für Zwecke verwenden, die nicht den Absichten des Eigentümers entsprechen. Jeder Systemprogrammierer ist deshalb ein potentieller Täter. Die Computerindustrie bietet den Abnehmern von Großrechnern seit langem Systeme an, die eine scharfe Kontrolle des Bedienungspersonals ermöglichen. Zu den Sicherheitsstandards, die Mißbrauch ausschließen sollen, gehören ausgeklügelte Zugangskontrollen, unterschiedliche Paßwörter für verschiedene Sicherheitszonen im Softwarebereich, möglichst lückenloses Protokollieren aller Rechneraktivitäten oder eine strenge, hierarchische Organisation. Dazu gehört die Unterbringung der Konsole für das Betriebsprogramm in einem besonders abgesicherten Raum wie der Einbau von versteckten Sicherheitsstufen: Programme werden so gestaltet, daß nur der privilegierte Benutzer weiß, an welcher Stelle des Ablaufs er unaufgefordert ein zusätzliches Paßwort eingeben muß. In den Online-Systemen der Banken oder Versicherungen gehört es seit langem zum Standard, daß die Sachbearbeiter mit ihren Paßwörtern nur Zugang zu streng begrenzten Arbeitsbereichen im Rechner haben. In vielen bundesdeutschen Unternehmen gilt die unbefugte Benutzung eines Paßworts, das einen privilegierten Zugang ermöglicht, als Anlaß zur Kündigung.

Der Grund für diesen Verteidigungskrieg gegen das eigene Personal liegt auf der Hand. Jeder unbefugte Zutritt zum Rechner kann einen Vermögensschaden oder einen Vertrauensverlust beim Kunden bedeuten. Robert Courtney, ein amerikanischer Sicherheitsexperte, spricht von der «Demokratisierung der White-Collar-Verbrechen». Vor dem Computerzeitalter kam der typische Weiße-Kragen-Täter aus den Kreisen der Geschäftsführung. Der Mißbrauch von Vertrauen setzte eine Vertrauensstellung voraus. Seit die Safes über elektronische Netze zu knacken sind, muß der Täter nicht mehr Leiter des Rechnungswesens oder der Verkaufsabteilung sein. Der moderne Betrüger braucht nur ein Terminal und einen Telefonanschluß. Seit der Hilfsbuchhalter mit Programmiererfahrung potentiell ein gefährlicher Mann ist, wurde der Arbeitsplatz an der Konsole zum Objekt von Kontrolle und Reglement, wurden die hierarchischen Strukturen verfestigt – von Demokratisierung der Arbeitswelt durch den Computer ist auch hier keine Rede.

Um die Abwehr unbefugten Eindringens immer perfekter zu gestalten, werden Sicherheitslücken mit wissenschaftlicher Gründlichkeit aufgespürt. 1977 erhielten die Studenten eines Computerkurses an einem britischen Polytechnikum die Aufgabe, die eingebauten Sicherheitsvorkehrungen des DEC 10 zu durchbrechen. Tom Crowe, der Kursleiter, beschrieb die Übung später so:

«Ich war verantwortlich für die Übungen zur Computersicherheit und benutzte veröffentlichtes Material (IBM Systems Journal). Ich sagte meinen Studenten, daß kein System absolut sicher sei und daß der schwächste Punkt häufig in der zuletzt entwickelten Software zu suchen sei. Zur Übung richtete ich in meinem Computerkonto eine Datei ein, die ich MARKS nannte und die ich auf die höchste Sicherheitsstufe setzte. Dann gab ich allen Studenten die Note (Mark) 0 und forderte sie auf, ihre Noten zu verbessern.

Barry Larrigan, einer meiner besten Studenten, recherchierte, welches das neueste unter den Programmen für unser DEC 10 war. Er bekam heraus, daß es das Archivprogramm war. Er spielte damit eine Weile und entdeckte, daß meine Datei MARKS zwar auf meinem Computerkonto die höchste Sicherheitsstufe hatte, nicht jedoch das Duplikat im Archiv. Von dort aus drang er ein.»

Larrigan und zwei Kommilitonen gelangten über die Programmbibliothek in die Benutzerdatei ihres Lehrers, änderten ihre Zensuren und verstauten die geänderte Datei wieder an ihrem alten Speicherplatz.

Als über das erfolgreiche Hacking der drei Studenten ein paar Monate später in der Zeitschrift «Computing» berichtet wurde, legte die Computerherstellerfirma Digital Equipment großen Wert auf die Feststellung, daß ihre Systeme absolut zuverlässig seien. Jeder Benutzer habe es «in der Hand», Dateien gegen unbefugten Zugriff zu sichern, «so daß niemand an sie herankommt». Diese Auskunft erteilte ein Software-Spezialist der englischen Niederlassung. Radio Eriwan hätte hinzugefügt: im Prinzip. Denn die drei Studenten hatten ihr Ziel auf einem Weg erreicht, der nach der Literatur über Computersicherheit auch in vielen anderen Fällen zum Erfolg geführt hat. Wenn die militärisch-hierarchisch abgestuften Zugangsberechtigungen aufgehoben werden können und ein Benutzer sich, sagen wir, mit Zugangsstufe zwei in die Zugangsstufe sieben manövrieren kann, dann sprechen die

Systemprogrammierer von einer «trapdoor» (Falltür), vermutlich weil ihre Bemühungen um Sicherheit da gerade reingepurzelt sind. Trapdoors heißen jene Sicherheitslücken, die sich aus dem Aufbau und der Zuordnung einzelner Programme ergeben und die innerhalb des Systems den unberechtigten Zutritt ermöglichen, ohne daß jemand – wie beim Trojanischen Pferd – eine Programmänderung vorgenommen hat. Trapdoors sind die Türen zur Verwundbarkeit.

Der Benutzer eines großen IBM-Systems wird zum Beispiel nach der Begrüßungszeremonie durch das Interface in die Abteilung für Anwendungsprogramme geleitet, wo er seine Transaktionen durchführen darf. Diese Prozedur wird streng überwacht durch ein Programm, das RACF heißt und dafür sorgt, daß keine als geschützt gekennzeichneten Bänder aus der Programmbibliothek in falsche Hände kommen. Das RACF erkennt die geschützten Magnetbänder an einer Bit-Markierung, die als Sperre wirkt, wenn der Benutzer nicht den passenden elektronischen Schlüssel, das vereinbarte Codewort, vorweisen kann. Nun verfügen aber diese großen Systeme, die für den Datenaustausch auch mit Rechnern anderer Hersteller dienen sollen, entgegenkommenderweise über eine Programmroutine, die BLP (Bypass Label Processing) genannt wird. BLP nimmt Datenströme fremder Formate auf und übersetzt sie für den Gebrauch des eigenen Betriebssystems. Es hat lange Zeit gedauert, bis IBM-Experten dahinterkamen, daß die Möglichkeit bestand, geschützte Bänder über das BLP zu kopieren und dabei das Stop-Bit zu entfernen. Die Hilfestellung, die das System mit BLP anbot, machte es verletzlich. Es kostete viel Arbeit, das ganze System so umzugestalten, daß der BLP-Service jetzt in den Ablauf der einzelnen Anwendungsprogramme integriert ist. Der Anwender bekommt jetzt die Dienstleistung des BLP vom Rechner im Ablauf seines Jobs zugeteilt, er kann das Programm nicht mehr selbständig anfordern und zum Kopieren benutzen.

Grundsätzlich gelten alle Dienstprogramme großer Rechner als Schwachstellen in der Abwehr von Angreifern. So müssen alle Systeme während eines längeren Programmablaufs Kopien anfertigen, damit die Datensätze nicht verlorengehen, wenn mal der Strom ausfällt. Solche Kopien werden normalerweise in kurzen Zeitabständen gemacht, wobei jedesmal auch das angewandte Arbeitsprogramm sowie die Berechtigungscodes protokolliert werden. Wer Zugriff zu diesen Archivkopien hat, kann darauf zum Beispiel den Code für die Zugangsberechtigung ändern. Wenn er dann das System zum Programmabbruch bringt, wird die präparierte Archivkopie eingelegt, und das Betriebsprogramm akzeptiert die neue Zugangsberechtigung. Ob es einem Benutzer gelingt, auf diese Weise vom Betriebssystem als rechtmäßiger Systemoperator angesehen zu werden, der zum Beispiel Zugang zur streng geheimen Paßwort-Datei hat, hängt von weiteren Sicherungsvorkehrungen ab. Aber auch die schützen, wie Radio Eriwan sagen würde, nur im Prinzip.

Trapdoors sind Schwachstellen für Eindringlinge von außen wie von innen. Sie ermöglichen das unbefugte Betreten nicht nur Hakkern, ausländischen Agenten oder der bösen Konkurrenz, sondern auch den Programmierern und anderen berechtigten Benutzern, und zwar dort, wo deren Berechtigung endet. Eine Bank wird etwa an den Computer, den sie kauft, den Anspruch stellen, daß alle Operationen über Ausdrucke auf Papier kontrollierbar sein müssen. Der gesamte Output darf nicht unterdrückt werden können. In Großunternehmen mit vielen Programmierern wird darauf geachtet, daß der Abteilungsleiter überwachen kann, ob die Angestellten sich auch nur mit den Arbeitsprogrammen beschäftigt haben, die auf dem Dienstplan standen. Wenn ein Programmierer pro Tag an zehn Programmen Änderungen vornimmt, erhält der Abteilungsleiter einen Ausdruck mit der Auflistung dieser Programme und aller vorgenommenen Änderungen. Er kann so kontrollieren, ob sich vielleicht jemand am Programm für die Gehaltskonten zu schaffen gemacht hat. Die deutschen Versicherungsgesellschaften haben sich zum Beispiel vor einiger Zeit darauf verständigt, unterschiedliche Computer für Testläufe und für den echten Betrieb anzuschaffen. Es könnte ja sein, daß ein Programmierer, der seinen Testlauf mit echten Daten macht, auf die Idee kommt, diese Daten unbefugt zu kopieren. Eine

Bandkopie, die beispielsweise alle fälligen Auszahlungen der kommenden Wochen ab einer Größenordnung von 50000 Mark samt Namen und Anschriften der Empfänger enthielte, wäre ein gefundenes Fressen für die Unterwelt.

Was die Banken und Versicherungen fürchten, sind «Koalitionen zwischen Innen und Außen», wie es der Bonner Sicherheitsexperte Hans Gliss nennt, kriminelle Absprachen zwischen Verbrecherringen und Programmierern. Auch der amerikanische Computerexperte August Bequai warnt vor den Möglichkeiten, die der computergestützte elektronische Geldtransfer in Zukunft bieten wird. Der elektronische Bankraub, geplant und vorbereitet vom unehrlichen Programmierer, durchgeführt mit Hilfe eines Trojanischen Pferdes im Programm der Bankbuchhaltung, das vielleicht die Unterschlagung bucht, während der Täter in Urlaub auf den Bahamas ist, vollendet von Mittelsmännern, die das Giralgeld in kurzer Zeit über viele Konten in vielen Ländern laufen lassen, um es schließlich bei einer exotischen Bank in Rio oder Hongkong in abhebbare Münze zu verwandeln: das ist die Schrekkensvision der Branche, das «Verbrechen der nahen Zukunft» (Bequai). Vielleicht ist es sogar schon längst Realität geworden, und die Betroffenen haben nur nichts davon gemerkt. Im Fall des Mark Rifkin, der mit zwei Ortsgesprächen aus der Telefonzelle über zehn Millionen Dollar in die Schweiz dirigierte und dort in Diamanten umtauschte, hatte die Bank noch keinen Verlust bemerkt, als die Polizei nach acht Tagen anfragte, ob etwas fehle. (Siehe Seite 171.)

Schon jetzt ist der Schaden durch Computerkriminalität beträchtlich. Als die US-amerikanische Anwaltsvereinigung im letzten Jahr 283 Unternehmen und Behörden befragte, gaben 72 davon an, während der letzten zwölf Monate durch Computerkriminalität geschädigt worden zu sein. Die Schadenssummen lagen zwischen zwei und zehn Millionen Dollar, ein Unternehmen büßte 100 Millionen Dollar ein. Solche Summen sind gute Argumente für die Verkäufer von Computersicherheit, die immer neue technische und organisatorische Verfahren zur Abwehr von Eindringlingen anbieten.

Ein Grundproblem der elektronischen Burgen ist, daß sie den Angreifer nur an seinen Daten, dem Strom von Nullen und Einsen, messen können. Der Rechner prüft nur die Legitimation, die der Benutzer vorzeigt, nicht aber, ob der Benutzer legitimiert ist. Er kann das eingegebene Kennwort, die elektronische Handschrift des Benutzers, mit dem im Speicher hinterlegten Kennwort vergleichen. Dieses Verfahren unterstellt, daß das Kennwort nur vom berechtigten Benutzer eingegeben worden sein kann. Es würde technisch ausreichende Sicherheit gewährleisten, wenn nicht die Menschen so unzuverlässig wären. Paßwörter werden vergessen, müssen deshalb aufgeschrieben und können von Unbefugten gelesen werden. Der Bonner Unternehmensberater Rainer von zur Mühlen erinnert sich mit Schaudern an die Besichtigung eines Rechenzentrums. Alle internen Kontrollsysteme waren installiert. Nur – einige der Mitarbeiter hatten an ihrem Arbeitsplatz einen Personalcomputer stehen, und der enthielt in einer Datei alle Paßwörter für den Großrechner, weil «man die sich ja sonst nicht merken kann». In vielen Büros hängen Paßwörter an der Pinnwand, liegen in der obersten Schreibtischschublade oder sind auf einem Zettel am Monitor notiert. Es ist wie im richtigen Leben: Der Schlüssel liegt immer unter der Fußmatte.

Seit Beginn der Datenfernverarbeitung brüten deshalb Sicherheitsexperten technische Vorkehrungen aus, die den Risikofaktor Mensch in der Verteidigungsanlage Computer klein halten sollen. Die Entwicklung der Online-Systeme ist verbunden mit der Forschung nach unsichtbarer Tinte für die neue Form des Fernschreibens. Die Geschichte des Computerzeitalters ist deshalb identisch mit der Geschichte der modernen Kryptografie, der Lehre von den Geheimschriften.

DIE KUNST DER VERSCHLÜSSELUNG

Ein Exkurs in die Lehre der Geheimschriften

Das Bedürfnis, geheime Botschaften auszutauschen, ist so alt wie die Menschheit. Mit der Erfindung und Verbreitung von Schriftzeichen als Kommunikationsmittel entstand auch die Geheimschrift, das Kommunikationsmittel für den begrenzten Teilnehmerkreis. Nachrichten, deren Sinn nicht jedermann versteht, grenzen aus. Geheimschriften dienten deshalb immer Minderheiten – zum Ausbau und zur Erhaltung von Herrschaft oder zum Schutz vor Verfolgung. Der unbekannte altägyptische Baumeister, der um 1900 vor Christus bis dahin unbekannte Hieroglyphen in die Wände der Grabkammer seines Pharao meißelte, verherrlichte den verstorbenen Regenten. Römische Christen verwandten geheime Symbolzeichen in der Zeit ihrer Verfolgung. Venezianische Kaufleute des 15. Jahrhunderts kannten die Verschlüsselung von Nachrichten mit Hilfe von Chiffriertafeln. Das Kamasutra empfahl der gebildeten indischen Frau, die Kunst der Geheimschrift zu lernen. Nur aus dem alten China sind keine kryptographischen Schriftzeichen überliefert. Professor Owen Lattimore von der Universität Leeds fand dafür eine naheliegende Erklärung: «In der alten chinesischen Kultur war Lesen und Schreiben einer so kleinen Minorität vorbehalten, daß das Schreiben in gewisser Weise einer Kodierung gleichkam.»

Ganz untrennbar ist die Militärgeschichte mit der Geschichte geheimer Nachrichtentechnik verbunden. Herodot, griechischer Historiker aus dem 5. Jahrhundert vor Christus, erzählt von einem Sklaven, dem das Signal zum Aufstand gegen die Perser auf die geschorene Kopfhaut tätowiert wurde. Als dann die Haare nachgewachsen waren, wurde er zum Tyrannen von Milet geschickt, der den Kopf wieder rasieren ließ, die Nachricht las und seine Streitmacht mobilisierte. Die Meldung vom drohenden Überfall auf Griechenland durch Xerxes und das persische Heer gelangte laut Herodot auf einer Holztafel unter einer Wachsschicht verborgen nach Sparta. Gorgo, die Frau Leonidas, kratzte das Wachs ab, las die Nachricht und alarmierte ihren Mann und die griechischen Stämme. König Leonidas und seine spartanischen Kämpfer fielen zwar in der Schlacht bei den Thermopylen, aber der Ansturm der Perser konnte bei Salamis und Platäa aufgehalten werden. Die Warnung war gerade noch rechtzeitig eingetroffen.

Die Griechen entwickelten kryptographische Techniken, die sich bis heute gehalten haben. Äneas machte den Vorschlag, kleine Löcher in das Pergament zu stechen, die die Buchstaben der geheimen Botschaft kennzeichnen sollten. Im Zweiten Weltkrieg markierten deutsche Spione die Buchstaben für geheime Botschaften mit unsichtbarer Tinte auf einer Zeitungsseite. Der griechische Dichter Polybius schrieb die Buchstaben des Alphabets in ein Diagramm aus fünf mal fünf Feldern. Dann numerierte er die Reihen und die Spalten von eins bis fünf und konnte so jedem Buchstaben eine Zahlenkombination zuordnen. Der Buchstabe Gamma erhielt auf diese Weise den Wert 13 (Reihe 1, Spalte 3), der Buchstabe Kappa den Wert 25 (Reihe 2, Spalte 5). Alle 24 Buchstaben des griechischen Alphabets waren so durch die Zahlen von 11 bis 15, 21 bis 25, 31 bis 35, 41 bis 45 und 51 bis 54 dargestellt. Der Aufteilung in Fünfergruppen lag ein einfacher mathematischer Schlüssel zugrunde, der allerdings von großem praktischen Nutzen war: Das Alphabet konnte mit zehn Fingern – digital – dargestellt werden. Polybius schlug außerdem vor, ganze Botschaften mit Hilfe von brennenden Fackeln zu übermitteln. Die Fackeln in der rechten Hand sollten die Nummer der Reihe, die in der linken Hand die Nummer der Spalte angeben. Sollte zum Beispiel der Buchstabe Gamma aufleuchten, mußten eine Fackel in der rechten und drei in der linken Hand gehalten werden.

Dieses Verfahren mag ein wenig unhandlich gewesen sein, aber in seinen Grundzügen entspricht es vielen Chiffriermethoden bis in die Gegenwart. Was 2000 Jahre später von den Dechiffrierabteilungen der Geheimdienste geleistet werden mußte, um einen einfachen Satz zu entschlüsseln, soll das folgende Beispiel zeigen.

An einem Herbsttag des Jahres 1942, drei Jahre nach Beginn des Zweiten Weltkriegs, setzte der niederländische Agent Lauwers (Deckname: Ebenezer) von einer Villa in Scheveningen eine dringende Warnung an den britischen Geheimdienst in London ab. Der Funkspruch trug die Nummer 36 und lautete: «Nr. 36 waarschuwden alle betrokkenen stop gevaar voor organisatie klein stop einde» (Nr. 36 [Wir] warnten alle Betroffenen stop Gefahr für [die] Organisation Klein stop Ende). Bevor er die Morsetaste bediente, hatte Lauwers den abzusetzenden Text in ein Rechteck geschrieben, das aus acht Reihen und zwölf Spalten bestand. Die senkrechten Spalten waren mit den durcheinandergewürfelten Zahlen von eins bis zwölf numeriert. Die Reihenfolge der Numerierung entsprach dem Chiffrierschlüssel, der einem vereinbarten Gedicht entnommen war. Um das Entziffern durch Unbefugte zu erschweren, waren dem Text einige Füllbuchstaben vorausgesetzt. Die ersten drei Buchstaben *cgh* waren das ständige Erkennungszeichen des Funkers. Nach der Niederschrift sah der Funkspruch so aus:

5	1	10	4	9	8	2	7	11	6	3	12
c	g	h	v	h	g	c	r	n	r	d	r
i	e	z	e	s	w	a	a	r	s	c	h
u	w	d	e	n	a	l	l	e	b	e	t
r	o	k	k	e	n	e	n	s	t	o	p
g	e	v	a	a	r	v	o	o	r	o	r
g	a	n	i	s	a	t	i	e	k	l	e
i	n	s	t	o	p	e	i	n	d	e	h
g	c	h	c	g							

Lauwers mußte nun die senkrechten Spalten in der Reihenfolge der Numerierung, von oben nach unten gelesen, erneut in einem gleichen Rechteck waagerecht hintereinander niederschreiben:

5	1	10	4	9	8	2	7	11	6	3	12
g	e	w	o	e	a	n	c	c	a	l	e
v	t	e	d	c	e	o	o	l	e	v	e
e	k	a	i	t	c	c	i	u	r	g	g
i	g	r	s	b	t	r	k	d	r	a	l
n	o	i	i	g	w	a	n	r	a	p	h
s	n	e	a	s	o	g	h	z	d	k	v
n	s	h	n	r	e	s	o	e	n	r	h
r	p	r	e	h							

Alle Buchstaben waren nun systematisch verstellt, wurden aber sicherheitshalber noch einmal nach demselben Verfahren umgruppiert. Danach las Lauwers die Spalten wieder senkrecht ab und schrieb die Buchstaben in Fünfergruppen nieder. Dem chiffrierten Text wurde eine Schlüsselzahl vorangesetzt, die dem Empfänger den verwendeten Code angeben sollte. Außerdem wurde dem Funkspruch noch eine laufende Nummer, die Anzahl der Buchstaben und der verwendeten Fünfergruppen mitgegeben. In der Endfassung hatte der Funkspruch diese Form:

nr. 36 gr. 18 34512 etkgo nspno crags
lvgap krodi siane gvein sntae rradn
coinkn hoaec twoee ctbgs rhwea riehr
cludr zeeeg lhvh 89 34512

Nach dem Kriege beschrieb Lauwers die Einzelheiten der Verschlüsselung und den Wortlaut des Funkspruchs so genau, weil er damit etwas dokumentieren wollte. Lauwers war zu Kriegsausbruch kaufmännischer Angestellter in Singapur gewesen, war dann nach London übergesiedelt und hatte sich vom britischen Geheimdienst MID zum Funker und Nachrichtenoffizier ausbilden lassen. Im November 1941 war er heimlich in die inzwischen von den Deutschen besetzte Heimat zurückgekehrt, um beim Aufbau des holländischen Widerstandsnetzes zu helfen, das von London aus dirigiert wurde. Vier Monate lang war alles gutgegangen. Er hatte regelmäßig Informationen an die Londoner Zentrale durchgegeben und Befehle von dort empfangen und weitergeleitet. Dann schlug im März 1942 die deutsche militärische Gegenspionage zu. Lauwers wurde während des Funkverkehrs angepeilt, die Wohnung wurde gestürmt, alle seine Unterlagen – Funksprüche, Adressenlisten, Chiffrierschlüssel – fielen in die Hände der Deutschen. Major Giskes von der deutschen Abwehr, der im Auftrage von Admiral Canaris nach holländischen Agentensendern fahndete, versprach Lauwers, ihn vor der Sicherheitspolizei zu retten, wenn er seine Rolle als Agentenfunker im Auftrag der Deutschen weiterspielen würde. Lauwers willigte ein, da seine Ablehnung nur den sicheren Tod bedeutet hätte.

Mit seiner Hilfe begann die deutsche Abwehr nun ein Spiel, das nach dem Kriege zu den erfolgreichsten Geheimdienstoperationen gezählt wurde. Giskes setzte über Lauwers falsche oder bedeutungslose Informationen nach London ab und erhielt über den Sender alle Instruktionen, die der MID seinem vermeintlichen Agenten in Holland erteilte. Wenn London über Funk die Ankunft neuer Agenten ankündigte, die per Fallschirm abgesetzt wurden, schlug Giskes Ort und Zeitpunkt für den Absprung vor. Er brauchte dann nur noch mit seinen Leuten zur rechten Zeit an der rechten Stelle zu sein. Auf die gleiche Weise fielen der deutschen Abwehr alle für die Widerstandskämpfer bestimmten Lieferungen von Waffen, Munition und Sprengstoff in die Hände.

Bis die deutsche Abwehr die Operation «Nordpol» zu einem Spiel mit bis zu 14 Funklinien ausgebaut hatte, mußte Lauwers die falschen und irreführenden Funksprüche Giskes durchgeben. Giskes befürchtete, daß ein deutscher Funker an der Morsetaste durch seine «Handschrift» den Engländern auffallen würde. Auf diesen Umstand baute Lauwers seinen Plan auf. Sein sogenanntes Frequenzwechselzeichen, die Kennbuchstaben zu Anfang jedes Funkspruchs, lauteten ursprünglich LMS. Lauwers änderte dieses Zeichen in die Buchstabenfolge GHT um, weil er hoffte, daß diese eigenmächtige Änderung in London auffallen würde. Vor allem aber wählte er diese Buchstaben, weil er sie für die verdeckte Übermittlung des Wortes CAUGHT (gefangen) verwenden wollte. Für die ersten drei Buchstaben verwendete Lauwers das im Funkverkehr übliche Kürzel QRU, mit dem das Ende des Funkverkehrs signalisiert wurde. Statt der Morsezeichen QRU --.– .–. ..– sendete er die Buchstaben CAU –.-. .-. .-

Der Funker in der Londoner Zentrale, der diese Zeichen niederschreiben mußte, um sie – wie üblich – bei der Wiederholung kontrollieren zu können, hatte nun zum Schluß des Funkspruchs die Buchstaben CAU vor Augen, denen Lauwers nach kurzer Pause sein Frequenzwechselzeichen GHT anfügte. Der Holländer, der den Ausbildungsstand in der Zentrale aus eigener Erfahrung kannte, war sich ganz sicher: London mußte das falsche Spiel der Deutschen durchschaut haben und konnte seinerseits nur zum Schein auf die Fortsetzung des Funkspiels mit Giskes eingegangen sein.

Statt dessen schickte London weiter Agenten mit dem Flugzeug, und Lauwers konnte den Funksprüchen, die er senden mußte, entnehmen, daß diese den Deutschen in die Hände gefallen waren. Deshalb saß er an jenem Herbsttag über dem Funkspruch Nr. 36, der endlich die Möglichkeit bot, noch einmal seine CAUGHT-Meldung durchzugeben. Die dritte Fünfergruppe gab die Chance für eine Veränderung, die dem deutschen Kontrolleur, der neben ihm saß, vielleicht nicht auffallen würde. Im Morsealaphabet sehen die beiden Buchstabengruppen so aus:

c	r	a	g	s
–.–.	.–.	.–	––.	...
–.–.	.–	..–	––.	....
c	a	u	g	h

Lauwers schilderte später seinen Versuch so: «An die Gruppe CAUGH mußte noch ein T angefügt werden, das ich als Anfangsbuchstabe der folgenden Gruppe funkte. Wie ich schon erwähnte, wurde, außer bei sehr gutem Empfang, jede Buchstabengruppe

zweimal gesendet. Im obigen Beispiel funkte ich also wie folgt: nr 36 nr 36 gr 18 gr 18 34512 34512 etkgo etkgo nspno nspno caught t (kurze Pause, um dem aufnehmenden Funker Gelegenheit zu geben, das bisher Gehörte gut mitzuschreiben) Irrtumszeichen gr 3 gr 3 caugh caugh t (neue Pause und Entschuldigung gegenüber dem jetzt aufmerksam mithörenden deutschen Funker) Irrtumszeichen caugh caugh t (letzte Pause und einige ärgerliche Kraftausdrücke, mit denen ich mich selbst beschimpfte, um den unruhig gewordenen deutschen Funker abzulenken) Irrtumszeichen gr 3 gr 3 crags crags lvgap lvgap ....
.... lhvh lhvh 89 89 34512 34512.

In der oben niedergelegten Form mag die Warnung nicht besonders deutlich erscheinen, aber das Bild wird anders, wenn man sich die Niederschrift im Logbuch des englischen Aufnahmefunkers vorstellt, die wie folgt ausgesehen haben muß, da das Irrtumszeichen nicht mitgeschrieben wird:

nr. 36 gr 18 34512 etkgo nspno caugh t
gr 3 caugh t gr 3 caugh t gr 3 crags lvgap
.... lhvh 89 34512

wobei man sich durch jede Gruppe caugh t noch einen Strich denken muß.» (aus H. J. Giskes: «London ruft Nordpol», Bastei Lübbe, 1982)

Alle Mühe war vergebens. Zu seinem Entsetzen mußte Lauwers feststellen, daß London auch diese Warnung nicht mitbekommen hatte. Giskes konnte sein «Nordpol»-Spiel unangefochten fortsetzen. Als die deutsche Abwehr am 1. April 1944 den Funkverkehr von sich aus abbrach, waren ihr insgesamt 54 Agenten in die Hände gefallen, von denen nur sieben den Krieg überlebten. Die anderen wurden im Herbst 1944 im Konzentrationslager Mauthausen ermordet. Zwei Jahre lang waren die Engländer über die Situation in Holland und die Schwäche des niederländischen Widerstands getäuscht worden. Das britische Parlament ordnete nach dem Krieg eine Untersuchung dieser schlimmsten Panne des britischen Geheimdienstes an und befreite Lauwers von dem Verdacht, ein Verräter gewesen zu sein.

Ob der Fall «Nordpol» für den Kriegsverlauf im Westen von

entscheidender Bedeutung war oder nicht, mag dahingestellt sein. Er ist aber ein Beispiel dafür, mit welchen Methoden noch vor 40 Jahren gegnerische Geheimdienste arbeiteten, um kriegsentscheidende Vorteile zu erreichen. Das Schicksal vieler Menschen hing von einem Informationssystem ab, das – unter Verwendung von Funkgerät und Morsezeichen – aus der Übermittlung verschlüsselter Nachrichten bestand. Der dazu benutzte Code, der eine aufwendige Chiffrierarbeit erforderlich machte, basierte auf der systematischen Verwürfelung von Buchstaben, wobei die verschlüsselte Nachricht kaum getarnte Hinweise auf das System der Verwürfelung enthielt. Der Zugang zu diesem Informationssystem war praktisch nicht gesichert. Der Agent Lauwers brauchte sich nur mit einem dreistelligen Buchstaben-Code auszuweisen. Außerdem hatte die Zentrale mit ihm einen sogenannten «identity-check» verabredet. Zum Nachweis seiner Identität mußte er jedes dritte «stop» als «stip» funken, ein auffälliges Signal. Die Unsicherheit dieses Verfahrens wurde nur noch übertroffen durch die Leichtfertigkeit, mit der die verabredeten Regeln mißachtet wurden.

Als die deutsche Abwehr im Besitz von Funkgerät und Code war und – nach dem Prinzip des Trojanischen Pferdes – den Sender Ebenezer zum Auffangen echter und zum Abschicken falscher Informationen einsetzte, gab es beim britischen Geheimdienst keine Zweifel am Inhalt der Nachrichten, weil es keine Zweifel an der Echtheit des Absenders gab. Und das, obwohl Lauwers eigenmächtig sein Erkennungszeichen änderte und Ebenezer sich fortan mit einem falschen «Ausweis» meldete. Daß Lauwers seinerseits die Deutschen über das Ausmaß seiner Kooperationsbereitschaft täuschen und Warnungen nach London durchgeben konnte, die dort freilich nicht begriffen wurden, belegt auf fast schon satirische Weise die Kluft zwischen Anspruch und Wirklichkeit.

Den Rahmen für dieses Spiel, bei dem ernsthafte Männer aus Goethe-Gedichten oder Shakespeare-Sonetten Chiffrierschlüssel fertigten, bildete die Kryptographie, die längst zu einer militärischen Wissenschaft geworden war. Um geheime Nachrichten vor dem Zugriff des Feindes zu schützen, wurden mathematische Modelle der Verschlüsselung entworfen und die Methoden des Gegners analysiert. Beide Weltkriege sind voll von Beispielen, in denen die Fähigkeit, den Code des Gegners zu brechen, Voraussetzung für die eigene militärische Überlegenheit war. So war es 1943 den Alliierten gelungen, den Funksprechverkehr der deutschen U-Boote zu entschlüsseln. Als dann im Mai 1944 ein U-Boot samt Chiffriermaschine und Codes der US-Marine in die Hände fiel, bauten die Alliierten mit großem technischen Aufwand eine Dechiffriermaschine, mit deren Hilfe sie bis zum Kriegsende den gesamten Nachrichtenverkehr der deutschen U-Boot-Flotte abhören konnten. Die Codes blieben bis Kriegsende unverändert, weil die deutsche Admiralität annahm, daß das U-Boot versenkt worden war. In den letzten elf Kriegsmonaten kannten die Flottenverbände der amerikanischen und britischen Marine alle Standorte deutscher U-Boote und machten Jagd auf sie, wenn sie zum Tanken auftauchen mußten. 300 U-Boote konnten zerstört werden. Diese Überlegenheit zur See, schrieb der britische Premier Winston Churchill später, «gab uns die Kraft, den Krieg fortzusetzen oder auch nur zu überleben».

Der US-Autor David Kahn («The Codebreakers. The Story of Secret Writing», Macmillan, New York, 1967) bezeichnete den Bruch des deutschen U-Boot-Codes als «die beste kryptoanalytische Leistung des Krieges». Bis sie gelang, waren die Alliierten in einem Nachteil gewesen, der sich aus der geographischen Lage ergab. Die militärischen Operationen der deutschen Armeen auf dem europäischen Kontinent wurden zum größten Teil über die Telefonnetze dirigiert. Dieses Kommunikationssystem war für die Alliierten bis zur Invasion 1944 unerreichbar. Die Befehle aus Washington und London erreichten dagegen auch die Antennen des Gegners, weil die Alliierten auf den Funkverkehr mit ihren Truppen in Afrika und Europa angewiesen waren. Der überseeische Funksprechverkehr wurde zwar mit Hilfe von Zerhackern gegen Abhören gesichert, aber die «Forschungsanstalt der Deutschen Reichspost» konnte ihrem Führer Adolf Hitler immer wieder Gesprächsprotokolle vorlegen – wie das vom 22. Juli 1942:

«Gesprächsteilnehmer:
A. New York, Mr. Butcher
B. London, Whitehall 4433, Winston Churchill.
Gespräch:
Beamtin ruft wiederholt: Hallo, Mr. Churchill.
A.: Hallo, guten Morgen.
B.: Hallo, ja ich höre Sie ...»

Die Überseetelefonate, die Präsident Roosevelt mit Churchill führte, gingen vom Weißen Haus in Washington zum AT&T-Gebäude in der Walker Street Nr. 47 in New York, wurden dort durch einen Zerhacker zerlegt und in unverständlichen Tonfrequenz-Brocken auf ständig wechselnden Kanälen gesendet. Ein Ingenieur namens Vetterlein von der Deutschen Reichspost brauchte nur wenige Monate, um aus den mitgeschnittenen Sprachstücken das System des Kanalwechsels zu rekonstruieren. Kurze Zeit darauf besaßen die Deutschen eine Maschine, die die zerhackten Gespräche wieder in der richtigen Reihenfolge zusammenmontierte. Eine Horchanlage an der holländischen Küste fing den transatlantischen Sprechfunk auf, und die umfangreichen technischen Einrichtungen der Reichspost erlaubten die simultane Dechiffrierung. Nur wenn die AT&T-Techniker während des Gesprächs den Chiffrierschlüssel wechselten, gingen den deutschen Technikern ein bis zwei Silben verloren. Im März 1942 schrieb der deutsche Postminister Wilhelm Ohnesorge an Reichskanzler Adolf Hitler, daß seine Wissenschaftler nun in der Lage seien, die verschlüsselten Telefongespräche «im Augenblick des Empfangs» zu entschlüsseln. Nach der Einnahme Berlins fanden US-Militärs die Abschriften der Telefonate ihres Präsidenten in den Archiven des SS-Hauptamtes.

Wenn auch der Krieg im Äther – die Alliierten entschlüsselten selbstverständlich die Funktelefonate der Deutschen, Italiener und Japaner – beiden Seiten keine unmittelbaren militärischen Vorteile brachte, so lieferte er doch zuverlässige Unterlagen für die politische Einschätzung der jeweiligen Lage. Aber nicht immer wurden aus den empfangenen Botschaften auch die richtigen Schlüsse gezogen. Ein eklatanter Fehler unterlief der deutschen militärischen

Führung am Vorabend der alliierten Invasion an der Normandie-Küste. Lange vorher war zwischen London und den französischen Widerstandskämpfern gegen die deutschen Besatzer verabredet worden, daß die Invasion durch eine Meldung über den Rundfunk angekündigt werden sollte. Die BBC sollte in der Programmsparte «persönliche Mitteilungen» einen Text senden, dessen erster Teil die französischen Widerstandskämpfer mobilisieren sollte. Die Ausstrahlung des zweiten Teils sollte bedeuten, daß die Invasion innerhalb der nächsten 48 Stunden stattfinden würde. Nach Erhalt dieser Nachricht sollte die Résistance in ganz Frankreich Telefonleitungen kappen, Brücken sprengen und Straßen zerstören. Damit das Signal verstanden werden konnte, mußte General de Gaulle vom Londoner Exil aus den Résistance-Gruppen lange vorher die Bedeutung der beiden Texthälften mitteilen. Bei der Verbreitung an einen so großen Teilnehmerkreis konnte es nicht ausbleiben, daß die deutsche Abwehr ebenfalls von dieser Verabredung und der Bedeutung der Signale erfuhr. Bereits Anfang des Jahres 1944 unterrichtete der Abwehrchef Canaris das Oberkommando der Wehrmacht, und von da an lauschten seine Horchposten in Frankreich auf jeden von der BBC ausgestrahlten Satz.

Der erste Teil der Nachricht wurde am 1., 2. und 3. Juni 1944 gesendet. Am 5. Juni um 21.15 Uhr verbreitete die BBC den zweiten Teil der Nachricht. Fünf Minuten später alarmierte die Abwehr die militärischen Befehlshaber in Nordfrankreich und Belgien und reichte die Meldung an den Chef des Generalstabs weiter. General von Salmuth setzte nach Erhalt der Nachricht seine 15. Armee in Alarmbereitschaft und wandte sich dann wieder seinen Bridgepartnern zu mit dem Satz: «Ich bin ein zu alter Hase, um mich über so etwas noch aufzuregen.» Bis heute ist ungeklärt, warum die für die Verteidigung des Küstengebiets zuständige 7. Armee nicht mobil gemacht wurde.

In der Sprache der Geheimdienstler war die BBC-Meldung «offen» kodiert. Alle Beteiligten mußten den Wortlaut und die Bedeutung des Schlüsselsatzes vorher kennen, vermutlich also auch der Gegner. Unter Sicherheitsaspekten hätte es keinen Unterschied gemacht, wenn der BBC-Sprecher statt eines Schlüsseltextes einfach gesagt hätte: «Morgen geht es los.» Aber die Lust am Versteckspiel, an geheimdienstlicher Camouflage mit rätselhaften Parolen und falschen Bärten wollte auch befriedigt sein. Deshalb sagte der BBC-Sprecher am 1. Juni: «Les sanglots longs des violons de l'automne». Und die zweite Satzhälfte lautete: «blessent mon coeur d'une longueur monotone.» («So schluchzend zieht das Geigenlied des Herbstes hin ...») Der «Schlüsseltext» zum Aufstand der Résistance mußte ausgerechnet einem melancholischen Gedicht Paul Verlaines entnommen werden.

Im Umfeld der Wissenschaft von den Geheimschriften tummelten sich zu allen Zeiten Romantiker. Die Lust, mit der Codes gebrochen und unbrechbare Codes entwickelt wurden, ist mit der Zielvorgabe, der Sicherung diskreter Informationen, alleine nicht zu erklären. In Kriegszeiten, wenn die archaische Neigung zum Wildern in fremden Revieren zur nationalen Pflicht wurde, profitierte davon auch die Kryptographie. An einem Dezembermorgen des Jahres 1917 – die USA befanden sich seit acht Monaten im Krieg mit dem Deutschen Reich – hatte ein junger Angestellter in der New Yorker Zentrale von AT&T eine bahnbrechende Idee. Der 27jährige Gilbert S. Vernam, der in einem kleinen Team an der Konzeption neuer Chiffriersysteme für die US-Marine arbeitete, entdeckte, daß das altbewährte Morsealphabet hervorragend für die Verschlüsselung von Nachrichten geeignet war. Vernam kannte das Fünferalphabet, das der französische Ingenieur Baudot für den elektrischen Fernschreiber entwickelt hatte. Je fünf Morsezeichen bilden die Buchstaben dieses Alphabets, die nicht, wie in der Urfassung, durch Striche und Punkte dargestellt werden, sondern durch Zeichen und Auslassungen. Entsprechend der Schaltmöglichkeit für Stromkreise – Strom fließt, Strom fließt nicht – werden die Buchstaben des Baudot-Systems aus fünf Schaltschritten gebildet. Innerhalb dieser fünf Schritte gibt es für die Stromzustände eins und null 32 ($= 2^5$) Kombinationsmöglichkeiten. Das Baudot'sche System besteht also aus 32 Zeichen: den 26 Buchstaben des Alphabets und sechs Sonderzeichen.

CCITT Nr.		1	2	3	4	5	6	7	8	9	10	11	12	13	14	15	16	17	18	19	20	21	22	23	24	25	26	27	28	29	30	31	32
Buchstaben		A	B	C	D	E	F	G	H	I	J	K	L	M	N	O	P	Q	R	S	T	U	V	W	X	Y	Z	<	≡	A...	1...	Zwr	◥
Ziffern u. Zeichen		-	?	:	✠	3	◥	◥	◥	8	ℜ	(	)	.	,	9	0	1	4	'	5	7	=	2	/	6	+						◥
Anlaufschritt																																	
Code-Schritte (Fünfer-alphabet)	1	X	X		X	X	X				X	X						X		X		X		X	X	X	X			X	X		
	2	X		X				X		X	X	X	X				X	X	X			X	X	X					X	X	X		
	3			X			X		X	X		X		X	X		X	X		X		X	X		X	X				X		X	
	4		X	X	X		X	X			X	X		X	X	X			X				X		X			X		X	X		
	5		X					X	X				X	X		X	X	X			X		X	X	X	X	X			X	X		
Sperrschritt		X	X	X	X	X	X	X	X	X	X	X	X	X	X	X	X	X	X	X	X	X	X	X	X	X	X	X	X	X	X	X	X

✠ Wer da?
ℜ Klingelsignal
< Wagenrücklauf
≡ Zeilenvorschub
A... Buchstaben-Umschaltung
1... Ziffern- und Zeichen-Umschaltung
Zwr Zwischenraum
◥ Frei für nationale Besonderheiten

Durch die Zeichen 29 und 30 kann von Buchstaben auf Ziffern/Zeichen umgeschaltet werden und umgekehrt. Die 32 Signale werden damit auf 64 verdoppelt.

Beim Fernschreiber, der nach dem Baudotschen System arbeitet, werden durch das Anschlagen einer Buchstabentaste elektrische Impulse übertragen, die beim Empfänger Elektromagneten aktivieren und die entsprechende Buchstabentaste anschlagen lassen. Für die schnelle Übertragung werden vorgestanzte Papierstreifen benutzt. Metallstifte tasten den Streifen ab und schließen durch die gestanzten Löcher den Stromkreis zum Signal eins (Strom fließt). Das isolierende Papier zwischen Stift und Kontaktstelle ergibt das Signal null (Strom fließt nicht).

An jenem Tag im Dezember machte Vernam nun den Vorschlag, ein Fernschreibgerät zu bauen, das zwei Papierstreifen gleichzeitig lesen konnte. Der erste Streifen sollte eine Nachricht – den Klartext – enthalten, der zweite Streifen Buchstaben in beliebiger Reihenfolge – den Schlüssel. Das Gerät sollte dann die parallel eingegebenen Buchstaben addieren. Vernam schlug dafür folgende einfache Regeln vor: Gleiche Signale werden zu einer

Null, ungleiche zu einer Eins «addiert». Das sieht, in einem Diagramm dargestellt, so aus:

		Klartext		
		0	1	
Schlüssel	0	0	1	Schlüsseltext
	1	1	0	

Wenn nach diesem Schema zum Beispiel der Buchstabe *a* (11000) mit dem Buchstaben *b* (10011) verschlüsselt wird, ergibt sich die Signalfolge 01011, der Buchstabe *g*:

Klartext:	1 1 0 0 0
Schlüssel:	1 0 0 1 1
Schlüsseltext:	0 1 0 1 1

Auf der Empfängerseite wird der ankommende Schlüsseltext nach der gleichen Regel mit demselben Schlüsselbuchstaben wieder in den Klartext zurückverwandelt. Wie die Baudot'sche Tabelle zeigt, ist die Verschlüsselungsmethode eindeutig. Zwei Zeichen bestimmen ein drittes, a plus b ergibt g, g plus b ergibt a. Vernam baute also für seinen Fernschreiber eine Vorrichtung, die Klartext und Schlüssel gleichzeitig lesen konnte und dabei den elektrischen Impuls für eine Eins gab, wenn die gelesenen Signale ungleich waren. Bei gleichen Signalen sendete sie den Impuls für eine Null. Im empfangenden Fernschreibgerät sorgte dieselbe Vorrichtung für die Entschlüsselung des einlaufenden Textes, wenn der Schlüssel synchron über ein Papierband eingegeben wurde. Mit dieser Anordnung konnten Botschaften simultan verschlüsselt und beim Empfänger simultan entschlüsselt werden. Zum erstenmal in der Geschichte der Kryptographie war eine Maschine erfunden, die für das Chiffrieren und Dechiffrieren keine besonderen Arbeitsgänge benötigte und die mit der Geschwindigkeit des elektrischen Stroms Klartext in Schlüsseltext und diesen wieder zurück in Klartext verwandelte. Vernam hatte entdeckt, was später «online-Verschlüsselung» genannt wurde. Die genial einfache Kodierungsregel trägt seither den Namen «Vernam'sche Chiffre».

Im Frühjahr 1918 baute AT&T mehrere Fernschreiber-Prototypen, die nach dem Vernam'schen Verfahren arbeiteten, und nach einigen geglückten Probeläufen wurde das System Major Joseph Mauborgne, einem Nachrichtenoffizier der US-Army, vorgeführt. Mauborgne war von der Technik begeistert, erkannte jedoch als erfahrener Kryptograph schnell die Schwachstelle des Systems.

Ein Papierstreifen, der noch handhabbar sein soll, kann nicht beliebig lang sein. Die Länge des Papierstreifens bestimmt also die Länge des Schlüssels. Wenn nun die Nachricht länger ist als der Schlüssel, so muß dieser wiederholt eingesetzt werden. Schon 1863 hatte aber ein preußischer Offizier namens Friedrich Kasiski in seinem Buch «Die Geheimschriften und die Dechiffrir-Kunst» nachgewiesen, daß bei wiederholter Anwendung eines Schlüssels Wiederholungen im verschlüsselten Text unvermeidlich sind. Wenn diese Wiederholungen, die sowohl zufällig als auch systematisch entstehen, analysiert werden, läßt sich auf die Länge des Schlüssels und – unter Anwendung einiger kryptographischer Tricks – am Ende auch auf den Klartext schließen. Der Rückschluß ist nicht nur dann möglich, wenn der Schlüssel ein sinnvolles Wort ist, sondern auch, wenn er aus zufällig aneinandergereihten Buchstaben besteht. Um diese «Kasiski-Lösung» zu erschweren, verfeinerte ein Mitarbeiter aus dem Vernam-Team das System der Schlüsseleingabe in den Fernschreiber. Statt eines langen Schlüsselstreifens wurden nun zwei verhältnismäßig kurze Bänder zu Schlaufen zusammengeklebt. Das eine Band enthielt 1000 Buchstaben, das andere 999. Die beiden Bänder liefen nebeneinander, bei jeder Umdrehung um einen Buchstaben versetzt, und produzierten so einen Sekundärschlüssel, mit dessen 999000 Kombinationen der Klartext chiffriert wurde. Mit den beiden Bändern von je etwa zwei Meter Länge konnte so ein Sekundärschlüssel erzeugt werden, der 2000 Meter lang gewesen wäre, wenn man ihn auf Papier gestanzt hätte. Mit einem Schlüssel von dieser Länge erfüllte die Vernam'sche Chiffriermaschine eine Forderung des Signalamtes der US-Army, das den Nachrichtenoffizieren einpaukte, ein Schlüssel habe so lang zu sein wie die Botschaft selber. Aber Mauborgne hielt das System trotz des langen Schlüssels und des Zufallsprinzips bei der Buchstabenauswahl noch nicht für ausreichend sicher. Er verordnete der Vernam'schen Chiffre zusätzlich das «Einmal-Prinzip». Jeder Schlüssel mußte mindestens so lang sein wie die Nachricht und durfte kein zweites Mal verwendet werden. Damit hatte er ein nicht zu brechendes Code-System geschaffen.

Angenommen, ein geduldiger Analytiker macht sich an die Entschlüsselung eines chiffrierten Textes, der nach dem Vernam-System mit einem echten Zufallsschlüssel codiert wurde. Er wird in der bunten Folge von 32 Zeichen (26 Buchstaben und sechs Sonderzeichen) zwar Wiederholungen von Zeichenkombinationen entdecken, aber er wird feststellen müssen, daß diese Wiederholungen zufällig sind und daß es keinen Schlüssel von bestimmbarer Länge gibt. Er wird nach der unterschiedlichen Häufigkeit einzelner Zeichen suchen, die auf häufiger vorkommende Buchstaben im Klartext schließen lassen. Wäre der Klartext auf Deutsch, würde er vielleicht nach dem *e* suchen, das überproportional oft vorkommt. Selbst wenn er weiß, daß er eine Vernam'sche Chiffre vor sich hat, wird er bald entmutigt aufgeben, denn das *e* ist – wie jeder andere Buchstabe – durch 16 verschiedene Kombinationen ausgedrückt. Wenn das *e* mit einem *p* verschlüsselt wurde, steht im Schlüsseltext ein *q*. Mit dem *r* gibt das *e* ein *i*, mit dem *t* ein *z*, mit *k* ein *c* oder mit dem *m* ein *x*. Selbst wenn der Analytiker mit Brachialgewalt vorginge, sich zum Beispiel vier Buchstaben des verschlüsselten Textes vornähme und sie mit jeder denkbaren Schlüsselkombination von *aaaa* bis *zzzz* kombinierte, bliebe ihm der Klartext verborgen. Jede Buchstabenkombination des Schlüssels ergibt, zum verschlüsselten Text addiert, einfach nur eine neue vierbuchstabige Kombination, in vielen Fällen sogar eine sinnvolle. Aber welche dieser sinnvollen Kombinationen ist der Klartext? Angenommen, er kombinierte den Schlüsseltext TURM mit dem Schlüssel YEGF, dann lautete der Klartext: SITZ. Legt er aber an TURM den Schlüssel GIAX, dann heißt das Klartextwort REDE. Bei Anwendung aller Kombinationsmöglichkeiten käme nichts anderes heraus als ein vollständiges Verzeichnis aller sinnvollen vierbuchstabigen Wörter – kein Hinweis auf den gesendeten Text. Den kann es auch gar nicht geben, denn mathematisch gesehen ist jeder Buchstabe des Schlüsseltextes die Summe aus zwei unbekannten Buchstaben. In der Sprache der Algebra ist $a = x + y$. Für eine Gleichung mit zwei Unbekannten gibt es keine eindeutige Lösung.

Die AT&T-Arbeitsgruppe installierte Fernschreibleitungen in verschiedenen Städten der USA und testete die Chiffrierung mit dem Einmal-Schlüssel im Großversuch. Es zeigte sich schnell, daß schon bei nur 100 Nachrichten pro Tag die Produktion von Schlüsseln zu einem Kostenproblem wurde. Vernams Patent mit der Nummer 1310719, das, laut David Kahn, «vielleicht bedeutendste in der Geschichte der Kryptographie», war unter finanziellen Gesichtspunkten ein Reinfall. Bis AT&T serienreife Chiffriermaschinen produzieren konnte, war der Weltkrieg vorbei. Die Militärausgaben wurden wieder reduziert, und die Armee hatte für die neue Erfindung kein Geld übrig. AT&T versuchte, die Maschinen an die Industrie abzusetzen, aber die benutzte weiterhin lieber ihre einfacheren Kodierverfahren, weil die billiger waren. Für absolute Sicherheit zu hohen Kosten bestand kein Bedarf. Vernams Binärkodierung geriet für eine Weile in Vergessenheit und sollte erst wieder Bedeutung erlangen, als ein ganz neuer Typ von Maschine lange Zahlenreihen erzeugen und verarbeiten konnte, ohne daß dafür Löcher in kilometerlange Papierstreifen gestanzt werden mußten.

Im Juli 1929 veröffentlichte ein 38 Jahre alter Assistenzprofessor am New Yorker Hunter College in einer mathematischen Fachzeitschrift einen Artikel mit dem Titel: «Kryptographie in einem algebraischen Alphabet». Der Autor, Lester S. Hill, der sich zuvor durch Veröffentlichungen über mathematische Methoden zur Fehlererkennung in der Telegraphie einen Namen gemacht hatte, skizzierte auf wenigen Druckseiten ein neuartiges Modell der Chiffrierung. Hill schlug vor, die Umwandlung von Buchstaben in Zahlen und wieder zurück mit Hilfe von linearen mathematischen Gleichungen durchzuführen. Er demonstrierte seine Vorstellungen an der Verschlüsselung des Klartextes *«delay operations»* (Operationen zurückstellen).

Hill benutzte Gleichungen, in denen dic Buchstaben des Klartextes und des Schlüssels numerische Werte erhielten. Die Verschlüsselung entstand durch die Lösung dieser Gleichungen, für deren Berechnung er ein Modul zugrunde legte. In der Mathematik bezeichnet der Begriff Modul die Abweichung vom Dezimalsystem. Da Hill Buchstaben transformieren wollte, wählte er das Modul 26, das heißt: die Zahlenreihe besteht nur aus den Zahlen zwischen null und 25. Jede Zahl, die höher ist als 25, wird reduziert, indem man sie durch 26 teilt. Der bei der Teilung entstehende Rest kann dann – mit dem Zusatz Modul 26 – in die Zahlenreihe eingeordnet werden. So wird zum Beispiel aus der Zahl 28 eine «2 Modul 26», weil 28 minus 26 eine Zwei ergibt. Entsprechend wird aus 68 die Zahl 16 Modul 26, denn 68 minus zwei mal 26 ergibt 16.

Hill stellte nun ein Gleichungssystem auf, in dem x_1, x_2, x_3 usw. die Klartextbuchstaben darstellen und y_1, y_2, y_3 usw. die Buchstaben des Schlüsseltextes. Für die ersten vier Buchstaben lautete sein Gleichungssystem so:

$$
\begin{aligned}
y_1 &= 8x_1 + 6x_2 + 9x_3 + 5x_4 \\
y_2 &= 6x_1 + 9x_2 + 5x_3 + 10x_4 \\
y_3 &= 5x_1 + 8x_2 + 4x_3 + 9x_4 \\
y_4 &= 10x_1 + 6x_2 + 11x_3 + 4x_4
\end{aligned}
$$

Den Zahlenwert der Klartextbuchstaben (x_1 bis x_4) entnahm Hill einer Tabelle, in der Buchstaben und Zahlen auf folgende Weise zugeordnet waren:

a	b	c	d	e	f	g	h	i	j	k	l	m	n	o	p	q	r	s	t	u	v	w	x	y	z
5	23	2	20	10	15	8	4	18	25	0	16	13	7	3	1	19	6	12	24	21	17	14	22	11	9

Zur Verschlüsselung der ersten vier Buchstaben seiner Klartextnachricht – *dela* – setzte Hill die Werte 20, 10, 16 und 5 an die Stelle der x_1 bis x_4 in diese Gleichungen ein:

$$y_1 = (\ 8\times 20) + (6\times 10) + (\ 9\times 16) + (\ 5\times 5)$$
$$y_2 = (\ 6\times 20) + (9\times 10) + (\ 5\times 16) + (10\times 5)$$
$$y_3 = (\ 5\times 20) + (8\times 10) + (\ 4\times 16) + (\ 9\times 5)$$
$$y_4 = (10\times 20) + (6\times 10) + (11\times 16) + (\ 4\times 5)$$

Dann mußte Hill diese Gleichungen noch mit Hilfe des Modul 26 lösen. Die Werte für y_1 ergeben: $8\times 20=4$, $6\times 10=8$, $9\times 16=14$ und $5\times 5=25$. Die Summe lautet 25 (=51 minus 26). Nach dem Schlüssel für das Alphabet heißt der erste Codebuchstabe also *j*. Die Lösungen der drei anderen Gleichungen ergeben die Schlüsseltext-Buchstaben *c, o* und *w*.

Der Vorteil dieses scheinbar unnötig komplizierten Verfahrens zeigt sich sofort, wenn im Klartext eine kleine Änderung vorgenommen wird. Angenommen, das erste Wort der Botschaft hieße nicht «*delay*», sondern «*demand*», der dritte Buchstabe wäre statt *l* ein *m*. In den Gleichungen müßte entsprechend für x_3 der Wert 13 statt 16 eingesetzt werden. Diese Änderung bewirkte in jeder Gleichung ein neues Produkt und damit auch eine neue Summe. Folglich lautete der Schlüsseltext nun nicht mehr *jcow*, sondern *cmzq*. Der Kryptoanalytiker, der die beiden Buchstabengruppen entschlüsseln wollte, würde wohl kaum auf die große Ähnlichkeit der beiden Klartexte schließen. Hills Chiffrierverfahren raubt ihm den Ansatzpunkt, von dem aus bislang verschlüsselte Texte geknackt wurden. Ähnlichkeiten und Wiederholungen im Ablauf der chiffrierten Buchstaben lassen nicht mehr auf Ähnlichkeiten und Wiederholungen im Klartext schließen.

Als Hill seine Arbeit vorstellte, wurden zwar schon mathematische Verfahren in der Kryptographie verwandt, aber erst seine «linearen Transformations-Gleichungen» gaben den Anstoß für eine neue Entwicklung. Die Kryptographie entdeckte die angewandte Mathematik. Das Besondere am Hill'schen System war die Umwandlung von Klar- in Schlüsseltext durch den Gebrauch von *Funktionen*. Die konstanten Werte im Hill'schen Gleichungssystem, die Zahlen, mit denen die Werte der Klartext-Buchstaben multipliziert werden, können nicht nach dem Zufallsprinzip bestimmt werden, wenn eine Entschlüsselung möglich sein soll. Da die Zahlenwerte für die x und y in einem funktionalen Zusammenhang zueinander stehen, ergibt sich für die Dechiffrierung ein ganz bestimmtes Gleichungsdiagramm, das in unserem Fall so aussieht:

$$
\begin{aligned}
x_1 &= 23y_1 + 20y_2 + 5y_2 + 1y_4 \\
x_2 &= 2y_1 + 11y_2 + 18y_3 + 1y_4 \\
x_3 &= 2y_1 + 20y_2 + 6y_3 + 25y_4 \\
x_4 &= 25y_1 + 2y_2 + 22y_3 + 25y_4
\end{aligned}
$$

Hill erweiterte sein System noch, konnte schließlich mit Hilfe der Matrix-Rechnung achtzehn Buchstaben in einem Rechenvorgang chiffrieren und baute eine Maschine, mit der über unterschiedlich große Zahnräder bis zu sechs Buchstaben gleichzeitig verschlüsselt wurden. Aber obwohl mit dieser Chiffriermaschine verhältnismäßig gut gesicherte Schlüsseltexte erzeugt werden konnten, fand sie kaum praktische Anwendung. Erst ein Jahrzehnt später, im Zweiten Weltkrieg, wurden Chiffriermaschinen eingesetzt, die nach dem Prinzip der linearen Transformation funktionierten. 1955 erhielt Hill – etwas spät – das Dankschreiben eines US-Marine-Offiziers, das die Bedeutung seiner Erfindung für die Seekriegsführung würdigte: «Das kryptographische System, das Sie damals vorschlugen, bewies Ihre Kompetenz und Ihren Erfindungsreichtum.»

DIE ELEKTRONISCHEN BURGEN

Wenn der Chip zur Falltür wird

Der Ausbau des Computers zur elektronischen Burg mit Wachtposten, Verteidigungswällen und verschlossenen Kemenaten kann die Kommandozentrale, das Betriebssystem, vor zufälligen oder böswilligen Eindringlingen schützen. Aber seit die Timesharing-Rechner ihren Dialogverkehr aufnahmen, seit Computer ein Medium der Telekommunikation wurden, galt es, die Informationen auf ihrem Weg durch die Leitungsnetze zu schützen. Seit die Datenfernübertragung militärischen und wirtschaftlichen Nutzen bot, arbeitete die Computerindustrie deshalb an Verschlüsselungsmethoden, die unbefugtes Mithören ausschließen sollten. Dabei stand sie vor dem Grundproblem der Kryptographie: Verschlüsselungssysteme, die leicht zu handhaben sind, sind auch einfach zu knacken. Komplizierte Verfahren, die sicherer sind, erschweren die Handhabung. Die optimale Methode ist dann die mit den meisten Vorteilen und den geringsten Nachteilen.

So kam, 50 Jahre nach ihrer Erfindung, die Vernam'sche Chiffre wieder zu Ehren, die einstmals daran gescheitert war, daß man in einen Papierstreifen keinen endlosen Schlüssel stanzen konnte, der zudem noch gleichzeitig beim Sender und beim Empfänger vorhanden sein mußte. Die Lösung dieses Problems wurde durch die Elektronik wesentlich vereinfacht. Schaltkreise, die Bits und Bytes in zufälliger Abfolge erzeugen – sogenannte Zufallsgeneratoren –, gehören zur elektronischen Grundausstattung. Das Rauschen im Funkverkehr oder auf dem Fernsehbildschirm nach Sendeschluß entsteht durch eine solche Zufallsverteilung. Auch das Problem der Endlosigkeit konnte befriedigend gelöst werden.

Moderne Rechner werden heute am Eingang der Datenleitung mit Mikroprozessoren ausgerüstet, die einen Zufallsschlüssel in der Länge von 10^{29} Bits (eine Eins mit 29 Nullen) erzeugen. Zehn solcher Mikroprozessoren, die im Wechsel eingesetzt werden, produzieren auf diese Weise eine Zufalls-Datenreihe, die untertreibend «Pseudo-Endlosschlüssel» genannt wird. Mit diesem Schlüssel wird die zu sendende Information nach der Vernam'schen Regel codiert und als «Bit-Salat» über die Leitungen geschickt. Beim Empfänger schalten Mikroprozessoren dem eintreffenden Datenstrom den identischen Schlüssel zu und verwandeln das Chiffrat wieder in die alte, maschinenlesbare Form zurück. Sender und Empfänger müssen sich nur auf einen Grundschlüssel verständigen, der die codierenden Mikroprozessoren synchron schaltet. Die Entschlüsselung muß genau an dem Bit der Zufallsdatenreihe aufsetzen, mit dem auch die Verschlüsselung begonnen hat.

Die Leitungsverschlüsselung nach der Vernam-Chiffre ist eine sogenannte Hardware-Verschlüsselung. Die Mikroprozessoren, die den Schlüssel erzeugen, sind in allen Geräten des gleichen Typs identisch. Dennoch ist der Code durch Ausprobieren nicht zu knacken. Wer die Synchronstelle suchte, ohne die Verabredung zwischen Sender und Empfänger zu kennen, müßte alle Möglichkeiten testen. Diese ergäben aber, wenn man sie auf Lochkarten stanzte, einen Papiergürtel in Höhe von mehreren Kilometern rings um die Erde. Die Leitungsverschlüsselung nützt andererseits nichts, wenn der Codebrecher Kenntnis von der Einstellung des Grundschlüssels für die Synchronisation erlangt. Sie schützt also nicht gegen Koalitionen von innen und außen. Ihre Installation ist eine Kostenfrage, die gegen den Wert der zu schützenden Informationen aufgerechnet werden kann. Aber der wirkliche Nachteil dieses Systems liegt, wie bei allen Codierungsverfahren, in der Begrenzung des Teilnehmerkreises. Die Leitungsverschlüsselung schließt Rechner ohne diese Hardware-Sicherung von der Teilnahme am Dialogverkehr aus.

Geschlossene Teilnehmerkreise profitieren andererseits gerade von der Exklusivität des technischen Verfahrens. Die Bundeswehr verwendet zum Beispiel das Prinzip der Vernam-Chiffre für die Codierung geheimer Nachrichten, wobei sie die Sicherheit zusätzlich dadurch erhöht, daß sie das Chiffrat nicht der Telefonleitung anvertraut. Die Nachricht wird beim Absender verschlüsselt, und ein Bote überbringt das Magnetband mit der verschlüsselten Botschaft zum Empfänger. Dort wird von einem zweiten Band der Schlüssel zugeschaltet und die Botschaft dechiffriert. Sinnvoll kann die Hardware-Verschlüsselung auch für den begrenzten Kundenkreis einer Bank sein. Weil codierte Scheckkarten zu wenig Schutz gegen Fälschung bieten, wendet zum Beispiel die Bank of America das sogenannte Atala-Verfahren an, dessen technische Einrichtungen aus dem Terminal, der Tastatur und einem Lesegerät bestehen. Der Bankkunde, der ein Konto eröffnet, tippt ein Paßwort ein. Dieses Paßwort wird von Mikroprozessoren in einem nicht umkehrbaren Algorithmus zu einem Chiffrat verarbeitet. Die einzelnen Bits des Paßworts aktivieren dabei im Prozessor Schaltkreise, die nach festen Regeln die eingegangenen Daten verwürfeln, ohne daß vom Schlüsseltext auf den Klartext zurückzuschließen wäre. Wenn der Kunde von seinem Konto Geld abheben will, tippt er am Terminal in der Bank seine Kontonummer und das Kennwort ein und steckt seine Scheckkarte in den Schlitz des Lesegeräts. Im Rechner werden die Chiffrate verglichen, und nur der gilt als berechtigt, der in der Lage ist, das gespeicherte Kennwort zu erzeugen.

Da aber Banken nicht nur mit ihren Kunden, sondern vor allem auch untereinander kommunizieren wollen, entstand Mitte der siebziger Jahre die Forderung nach einer standardisierten Verschlüsselungsmethode. Im Bereich der Kryptographie waren inzwischen Hills Ideen von nachfolgenden Mathematiker-Generationen weiterentwickelt worden. Statt linearer Gleichungen wurden längst komplizierte Funktionen aus dem Bereich der Informationstheorie verwendet, um aus einem *a* im Klartext auf nicht nachvollziehbare Weise ein *x* im Schlüsseltext zu machen. Ein Kryptograph namens Shannon hatte 1949 angeregt, große Produktzahlen in nichtlinearen Funktionen für die Verschlüsselung zu verwenden. IBM arbeitete seit Ende der sechziger Jahre an der technischen Umsetzung der kryptographischen Modelle. Im Januar 1977 erkannte das für Normen zuständige Amt der USA, das National Bureau of Standards, eines der von IBM vorgeschlagenen Verfahren als verbindlichen Verschlüsselungsstandard DES (Data Encryption Standard) an. Seither benutzen die meisten US- und europäischen Banken den DES für die Verschlüsselung im nationalen und internationalen Datenverkehr.

Der DES-Algorithmus – die Rechenregel, nach der aus dem *a* des Klartextes das *x* des Schlüssels wird – ist in einem Mikroprozessor verankert und damit Bestandteil der Hardware. Alle Nachrichten, die den Rechner verlassen, werden am Ausgang mit Hilfe eines Schlüssels codiert, der aus einer Reihe von 56 Bits besteht. Dieser 56-Bit-Schlüssel wird vom Computerbenutzer ausgewählt und geheimgehalten. Zur Chiffrierung wird die Nachricht in Blöcke von 64 Bits zerlegt und mit dem 56-Bit-Schlüssel codiert. Dadurch entsteht aus jedem Block ein Schlüsseltext in der Länge von 64 Bits, der beim Empfänger nach dem gleichen Verfahren in den Klartext zurückverwandelt wird.

Wer das DES-System knacken will, muß herausfinden, mit welchem Schlüssel der Anwender seine Nachrichten chiffriert. Da der DES-Schlüssel aus 56 Nullen und Einsen besteht, ergeben sich 2^{56} Kombinationsmöglichkeiten, also 72 Billiarden verschiedene Schlüssel. Auf den ersten Blick scheint dieses Angebot zu groß, als daß ein Eindringling die richtige Kombination entdecken könnte. Aber noch bevor der DES für verbindlich erklärt wurde, warnten zwei amerikanische Mathematiker vor der Verletzbarkeit des geplanten Systems. Professor Martin Hellman von der Stanford University und sein Kollege Whitfield Diffie rechneten dem National Bureau of Standards vor, welcher Aufwand nötig wäre, den Code durch systematisches Ausprobieren zu knacken. Sie wiesen darauf hin, daß es möglich sei, einen Chip zu bauen, der in jeder Mikrosekunde eine Kombinationsmöglichkeit abarbeiten kann. Mit diesem Chip würde die Decodierung 72 Milliarden Sekunden oder 2285 Jahre dauern. Wer nun wirklich ernsthaft den Code brechen wolle, müsse sich einen Dechiffrier-Computer bauen, der eine Million solcher Chips enthielte, die gleichzeitig auf die Suche angesetzt würden. Dieser Rechner könnte alle Möglichkeiten in 72000 Sekunden durchgehen – in weniger als einem Tag. Hellman und Diffie machten nun eine einfache Kostenrechnung auf. Sie schätzten, daß ein einzelner Such-Chip ungefähr zehn Dollar kosten würde, der gesamte Bausatz also zehn Millionen Dollar. Mit allen Kosten für die Entwicklung und den Bau käme die Dechiffriermaschine nicht teurer als 20 Millionen Dollar. Die Abschreibung und die Stromkosten eingerechnet, würde dann der tägliche Betrieb etwa 10000 Dollar und jede Lösung etwa 5000 Dollar kosten, weil der richtige Code im Durchschnitt in der halben Suchzeit gefunden wird. Das sei zuviel Geld und Aufwand für Industriespione und elektronische Bankräuber, vielleicht aber nicht für große ausländische Nachrichtendienste. Die beiden Wissenschaftler wiesen außerdem darauf hin, daß der Bau einer solchen Maschine schon in naher Zukunft sehr viel billiger sein könnte, weil die Computerkosten seit den vierziger Jahren beständig sinken – alle fünf Jahre auf rund ein Zehntel des vorherigen Werts. Unter dieser Voraussetzung würde die Dechiffriermaschine Ende der achtziger Jahre nur noch 200000 Dollar kosten und jede gefundene Lösung etwa 50 Dollar.

Über den Einwand von Hellman und Diffie entbrannte ein heftiger Streit. Das National Bureau of Standards veranstaltete zwei Fachtagungen mit Kryptographen und Computerexperten. Walter Tuchman von IBM enthüllte auf einer dieser Tagungen, daß seine Firma solche Wirtschaftlichkeitsberechnungen selber angestellt habe, aber zu anderen Ergebnissen gekommen sei. IBM könne in fünfjähriger Bauzeit eine Dechiffriermaschine erstellen, die dann allerdings 200 Millionen Dollar kosten würde. Dennis Branstad vom National Bureau of Standards hielt den Basispreis der Hellman-Diffie-Kalkulation für zu niedrig. Er schätzte die Kosten für einen Such-Chip auf 400 Dollar. Außerdem würde die Dechiffriermaschine einen enormen Stromverbrauch haben, etwa 16 Millionen Watt pro Tag. Nicht einmal der Geheimdienst NSA (National Security Agency) könne eine Maschine bauen und betreiben, die soviel Strom verbrauche, ohne daß die Öffentlichkeit darauf aufmerksam werde.

Als Branstad die NSA anführte, wußte er, wovon er sprach. Er war ein ehemaliger Mitarbeiter dieses geheimsten Geheimdienstes der USA, der seit dem Zweiten Weltkrieg für das Nachrichtenwesen und kryptographische Fragen zuständig ist. Die NSA setzte den DES-Schlüssel schließlich gegen alle Widerstände von Wissenschaftlern und Fachleuten aus der Industrie durch. Sie hatte schon während der Entwicklung des Modells bei IBM Einfluß auf das Verfahren genommen. Bei der Konkurrenz sickerte durch, «daß die NSA ins Spiel kam, bevor die Länge des Schlüssels festgelegt wurde», so ein leitender Angestellter der Firma Bell. Ein führender Vertreter von IBM behauptete, der 56-Bit-Schlüssel sei ausschließlich aus technischen Gründen gewählt worden, gab aber zu, daß NSA-Agenten «alle paar Monate vorbeikamen, um zu sehen, was wir machten». Die Diskussion um die Beteiligung der NSA an der Entwicklung und Festlegung des Data Encryption Standard hatte einen guten Grund: Viele Experten gehen davon aus, daß der 56-Bit-Schlüssel nur deshalb gewählt wurde, weil er die NSA in die Lage versetzte, jede damit verschlüsselte Nachricht zu dechiffrieren. Kritiker des DES aus der Industrie und dem Bankengewerbe, die einen längeren und damit sichereren Schlüssel gefordert hatten, gewannen den Eindruck, «das Bureau of Standards hätte bewußt eine Schlüssel-Länge von solchem Umfang gewählt, daß Collegestudenten und die meisten Industriespione abgeschreckt werden, aber kurz genug, daß die Herren in Washington weiterhin anderer Leute Post lesen können» – so der Computerfachmann Jacques Vallee.

Daß die NSA über die Fähigkeiten verfügt, den DES-Code zu brechen, wird in der Fachwelt heute allgemein unterstellt. Der ehemalige NSA-Agent Deavours, Redakteur der Zeitschrift «Cryptologia», vertritt die Meinung, daß die NSA den Code schon deshalb brechen können müsse, weil er auch außerhalb der USA eingesetzt wird und weil es zum Aufgabenbereich der NSA gehört, die militärische und diplomatische Kommunikation im Ausland abzuhören und zu dechiffrieren. Deavours wies gegenüber dem US-Wissenschaftsmagazin «Science» darauf hin, daß die NSA den DES-Code nicht für besonders sicher halten könne, da sie ihn in den Staaten lediglich für die Verschlüsselung von Nachrichten benutze und zulasse, die als «vertraulich» klassifiziert seien. «Und das», sagte Deavours, «ist praktisch das Zeug, das man in den Zeitungen lesen kann.»

Der Verdacht, daß die NSA in den Datennetzen amerikanischer und europäischer Rechnersysteme wildert, verstärkte sich, als in den folgenden Jahren Wissenschaftler systematische Mängel im Algorithmus des DES-Code entdeckten. Informatiker fanden eine Reihe von «weichen» Schlüsseln, Bit-Kombinationen, die sich zum Ver- wie zum Entschlüsseln eignen und vor deren Anwendung IBM die Benutzer seither warnt, weil sie den Schutz des Systems nicht gewährleisten. Der britische Physiker Donald Davis entdeckte Dutzende von Kombinationen, nach deren Anwendung die Chiffrate merkwürdige Regelmäßigkeiten aufwiesen. Der Schweizer Richard Polis meldete 1982 den Fund von 25 Schlüsselgruppen, deren Anwendung «eine bedeutend weniger komplexe Transformation des Klartextes in Schlüsseltext» zur Folge hat. Niemand kann bisher sagen, wie viele Schlüssel insgesamt dem Anspruch des Standards nicht genügen. Sicher ist nur, daß der Algorithmus bei weitem nicht so perfekt arbeitet, wie seine Befürworter einst behaupteten. Deavours, der den DES analysierte, sieht «haufenweise Möglichkeiten, ihn anzugreifen». Und Polis behauptet, daß, bei Verwendung eines «weichen» Schlüssels, der DES mit einem geeigneten Computer in vier Stunden zu knacken sei. «Science» berichtete über die Funde der Schwachstellen und erwog die Möglichkeit, daß die NSA solche Lücken im System gefordert habe, um den Code leichter brechen zu können.

Bis zu diesem Streit schienen alle Maßnahmen, die zur Sicherung von Computern und Datennetzen getroffen wurden, von dem Verhältnis zwischen Kosten und Nutzen sowie von ihrer Handhabbarkeit abzuhängen. Der Einbau teurer technischer Zugangskontrollsysteme war mit dem Schaden zu begründen gewesen, den sie vermeiden halfen. Der Zuwachs an technischen und organisatorischen Sicherungsmaßnahmen endete erst dort, wo diese Maßnahmen dem Zweck der Rechner, ein Mittel zur Kommunikation zu sein, entgegenstanden. Die Auseinandersetzung um den DES ließ einen weiteren Faktor erkennbar werden, der die Entwicklung bestimmte: Die US-Regierung hatte erstmals durchblicken lassen, daß sie die Sicherheit der Rechner mit der Sicherheit des Staates verknüpft sah. Ein zweiter Hinweis folgte, und der war noch deutlicher.

Im Sommer 1977 bereitete das Institute of Electrical and Electronic Engineers (IEEE), die Berufsvereinigung der Elektroniktechniker, eine Fachtagung vor, auf der über kryptographische Methoden und Verschlüsselungstechniken für die Datenfernübertragung diskutiert werden sollte. Mitten in den Vorbereitungen erhielt ein Vorstandsmitglied der IEEE einen Brief von einem gewissen J. A. Meyer aus Bethesta, Maryland. Darin standen Sätze wie: «Ich nehme an, daß die IEEE nicht mit der ITAR-Liste vertraut ist, die auf Veröffentlichungen und den Export von geheimen wie auch nichtgeheimen technischen Daten angewendet wird. ... Atomwaffen und Kryptologie sind ebenfalls durch besondere Geheimhaltungsgesetze geschützt.» Der Brief endete mit einer vagen Drohung: «Es scheint, daß eine kleine Gruppe von Wissenschaftlern den Großteil der (Konferenz-)Unterlagen ausarbeitet. Es könnte sein, daß diese sich nicht der vollen Bedeutung staatlicher Vorschriften bewußt sind. Einige der Tagesordnungspunkte, darunter besonders der DES-Algorithmus, beziehen sich auf Aktivitäten der US-Regierung, und es könnte sein, daß das IEEE gegen ITAR verstößt ... Als IEEE-Mitglied schlage ich vor, daß die IEEE die Situation noch einmal überdenken möge, denn die unkontrollierbare Verbreitung dieser modernen Waffentechnologien könnte andere als nur akademische Wirkungen haben.»

Dem Brief waren Auszüge aus der ITAR-Liste (International Traffic in Arms Regulation, Regelung des internationalen Waffenverkehrs) beigelegt. Diese Liste entsteht unter Federführung des US-Außenministeriums. Sie wird Jahr für Jahr auf den neuesten Stand gebracht und enthält alle Güter, denen eine militärische Bedeutung beigemessen wird und die deshalb nicht exportiert werden dürfen. Sie regelt nicht nur die Ausfuhr von Material, sondern auch von technischem Know-how. Deshalb fallen technische Handbücher oder die Veröffentlichung von Forschungsergebnissen ebenso unter die Auflagen dieser Liste wie der Wissensexport durch die Teilnahme ausländischer Gäste an Fachtagungen. Die Ausfuhr von in der ITAR-Liste verzeichneten Gütern und Schriften ist nach dem Arms Export Control Act (Waffenexport-Kontrollgesetz) mit Strafe bedroht.

Der IEEE-Vorstand, dem das besorgte Mitglied Meyer bis dahin unbekannt war, stellte Nachforschungen an und fand heraus, daß J. A. Meyer in der Telefonliste der National Security Agency verzeichnet war. Eine offizielle Anfrage bei der NSA ergab, daß man dort von diesem Brief nichts wisse. Mister Meyer müsse ihn wohl aus eigenem Antrieb und ganz privat geschrieben haben. Die Konferenz fand dann zwar wie geplant statt, aber die beteiligten Wissenschaftler wurden von der inoffiziellen Warnung unterrichtet und gebeten, sie zu beachten. Zur gleichen Zeit enthüllte die «New York Times», daß sich eine Reihe von Wissenschaftlern, die sich mit Computertechnologie und Kryptographie beschäftigten, von der NSA unter Druck gesetzt fühlten. Professor Hellman äußerte die Befürchtung, die NSA wolle ganze Forschungsgebiete unter ihre Aufsicht stellen.

Martin Hellman und sein Kollege Whitfield Diffie gehörten zu jener «kleinen Gruppe von Wissenschaftlern», die NSA-Meyer in seinem Brief gemeint hatte. Sie wollten den DES nicht nur kritisieren, sondern auf der Konferenz eine von ihnen entdeckte Verschlüsselungsmethode vorstellen: das System der «öffentlichen Schlüssel» (public keys). Alle bisherigen Chiffriermethoden hatten zwei Nachteile. Sie können durch die «brute force»-Methode, durch Ausprobieren, geknackt werden, zumindest theoretisch. Und der Algorithmus kann enttarnt werden, weil die Funktionen, aus denen er aufgebaut ist, mathematisch umkehrbar sind. Das System von Hellman und Diffie basiert dagegen auf besonderen mathematischen Funktionen, die aus der Zahlentheorie unter der Bezeichnung «Falltür-Funktionen» bekannt sind. Der Mathematiker, der den Aufbau dieser Funktionen kennt, kann sie dennoch nicht umkehren, solange ihm eine besondere Information fehlt. Das ist die Falltür. Ohne ihre Kenntnis gelangt er in den Aufbau, aber nicht wieder heraus.

Wenn die Bank A ihre Nachrichten mit einer Falltür-Funktion verschlüsselt, muß sie ihren Schlüssel, die Zahlen *r* und *s*, veröffentlichen. Wer A eine verschlüsselte Nachricht übermitteln will, muß die Zahlen, aus denen diese Nachricht besteht, mit *s* potenzieren und durch *r* dividieren. Das Ergebnis dieser Rechnung ist die chiffrierte Nachricht. Um die Nachricht zu dechiffrieren, muß A eine Zahl *t* einsetzen, die nur sie kennt und die sie geheimhält. A potenziert die verschlüsselte Nachricht mit *t*, teilt sie durch *r* und erhält als Ergebnis den Klartext. Das Chiffrat hängt also von den Größen *r, s* und *t* ab. Die Zahl *r* ist das Produkt von zwei sehr großen Primzahlen. Die Zahlen *s* und *t* sind von diesen großen Primzahlen abgeleitet. Um diesen Code zu brechen, muß man die Zahl *t* finden. Aber *t* kann nicht gefunden werden, ohne daß das Produkt *r* zuvor in die Primzahlen zerlegt ist, aus denen es gebildet wurde. Das ist selbst für sehr große Rechner eine nahezu unmögliche Aufgabe. Hellman, Diffie und einige Forscher vom Massachusetts Institute of Technology, die zur gleichen Zeit an einem ähnlichen Problem arbeiteten, wiesen nach, daß zum Beispiel die Zerlegung einer 125stelligen Zahl in zwei 63stellige Primzahlen mit der derzeitigen Computertechnik nicht zu bewältigen ist. Selbst die schnellste Anlage benötigte dafür etwa 40 Billiarden Jahre Rechenzeit.

Eine von Martin Hellman und seinen Mitarbeitern 1978 vorgestellte Falltür-Funktion konnte zwar vier Jahre später von dem MIT-Mathematiker Adi Shamir geknackt werden, als dieser einen Rest von Regelmäßigkeit im Zahlenwust entdeckte. Aber der zufällige Codebruch sagt nichts gegen die theoretische Sicherheit des Verfahrens aus, das auch als «Rucksack»-Problem beschrieben wird. Das Vorhaben, aus Chiffrat und öffentlichem Zahlenschlüssel den zweiten, geheimen Schlüssel zu errechnen, gleicht dem Versuch, aus der Größe eines Rucksacks und den bekannten Einzelgewichten der darin enthaltenen Schachteln die Anzahl und die Größe dieser Schachteln zu bestimmen.

Daß zivile Forschergruppen unbrechbare Codes erdachten und die Schwächen angewandter Verschlüsselungssysteme öffentlich diskutierten, mochten NSA und US-Militärs nicht hinnehmen.

Auf Drängen der NSA wurde eine Arbeitsgruppe aus Wissenschaftlern und Geheimdienstlern gebildet, die neue Regeln für die Veröffentlichung kryptographischer Forschungsergebnisse aufstellen sollte. Diese Arbeitsgruppe stimmte der Ansicht der NSA zu, daß Veröffentlichungen über die «Schwäche» in Kryptosystemen, die von anderen Regierungen benutzt werden, diese Regierungen über die Schwächen des eigenen Systems informieren und sie so dazu veranlassen könnten, ausgeklügeltere und weniger verwundbare Systeme zu verwenden. Auf diese Weise könnte den USA notwendige, durch Spionage gewonnene Information vorenthalten werden». Deshalb verabschiedete das Komitee 1981 «freiwillige Regelungen» für kryptologische Veröffentlichungen. Danach sind Forschungsergebnisse zu diesem Thema vorher der NSA zur Begutachtung vorzulegen. Die NSA entscheidet dann darüber, ob die Veröffentlichung den militärischen Interessen der USA schaden könnte. Einige der betroffenen Wissenschaftler protestierten, aber dabei blieb es auch. Professor Hellman, der in Interviews und Leserbriefen gegen die Vorherrschaft der NSA auf dem Gebiet der Kryptographie gewettert hatte, handelte sich in Kollegenkreisen den Ruf eines «Radikalen» ein. Der Informatiker Fred Weingarten machte die Kollegen darauf aufmerksam, daß auch eine freiwillige Vorzensur das Ende der Freiheit von Forschung und Lehre bedeute, weil die staatlichen Einschränkungen sich nicht auf ein Forschungsgebiet allein beschränken lassen könnten. Bei der Mehrheit der Wissenschaftler setzte sich aber das Argument durch, daß Unannehmlichkeiten hinzunehmen seien, wenn es um die Sicherheit der Vereinigten Staaten gehe. Sie folgten dem Verteidigungsministerium, das im April 1983 schrieb: «Energische Schritte sind notwendig, wenn wir unsere militärische Überlegenheit durch den Einsatz von Computertechnologie halten wollen.»

Dieser Satz stammt aus der Ankündigung des größten Vorhabens auf dem Gebiet der Computertechnologie in der Militärgeschichte. Das Programm STARS (Software Technology for Adaptable and Reliable Systems) soll bis zum Ende dieses Jahrzehnts die von den Militärs ausgemachte «Software-Lücke» schließen helfen. Denn, so das Pentagon: «Die Führerschaft auf diesem Gebiet ist entscheidend für die fortgesetzte militärische Vorherrschaft und vielleicht für die wirtschaftliche Führung in der Welt.»

Wie selbstverständlich ist im STARS-Papier nicht von Abschreckung oder Gleichgewicht die Rede, sondern von «supremacy» (Vorherrschaft) und «leadership» (Führerschaft). Und genauso selbstverständlich verknüpft das Pentagon in diesem technologischen Strategiepapier militärischc und wirtschaftliche Zielsetzungen miteinander. Wenn man die pathetische Absichtserklärung auf ihren Kern reduziert, bleibt eine banale Erkenntnis, die das STARS-Papier an anderer Stelle so ausdrückt: «Die militärische Macht der Vereinigten Staaten ist unentwirrbar an den programmierbaren digitalen Rechner gebunden.» Daß diese Feststellung in gleicher Weise für die wirtschaftliche Macht gilt, kann niemand bestreiten. Mit den computergestützten Informationssystemen haben die Industrienationen ihren Abstand zu den Ländern der sogenannten Dritten Welt vergrößert. Dazu nur ein Beispiel: Die computergestützten militärischen Frühwarnsysteme melden nicht nur gegnerische Truppenbewegungen oder Raketenstarts, sondern sie sammeln notwendigerweise wirtschaftlich nutzbare Informationen. Mit ihren computergesteuerten Aufklärungssatelliten erkunden wenige Industrienationen die Wetterverhältnisse oder die Vorkommen von Bodenschätzen auf der ganzen Welt. Sie liefern gestochen scharfe Computerbilder der Erdoberfläche mit Hinweisen auf den Stand der Kaffee-Ernte in Brasilien, auf Viehseuchen in Neuseeland oder Argentinien oder auf Heuschreckenplagen im Sudan – lange bevor diese Informationen den betroffenen Ländern zur Verfügung stehen.

Auch die sogenannten Schwellenländer, die den Anschluß an Computertechnologien suchen, haben längst begriffen, daß die neuen Techniken ihre Startchancen nicht verbessern, sondern alte wirtschaftliche Abhängigkeitsverhältnisse zementieren. Länder, die die computergestützten Informationssysteme übernehmen und an die internationalen Datennetze gehen, haben keine Geheimnisse mehr. In diesen Ländern wächst die Forderung nach «information sovereignty», nach Datenhoheit. Einige Staaten wie

Brasilien oder Spanien versuchen, sich gegen die neue Abhängigkeit zu wehren, die aus den Datennetzen kommt. In diesen Ländern ist die Verwendung ausländischer Software Beschränkungen unterworfen und die Einfuhr von Programmen aus den USA oder der Bundesrepublik mit Zöllen belegt.

Diese Versuche, dem computergestützten Technologie-Imperialismus der westlichen Industrienationen zu widerstehen, wirken naiv. Sie entsprechen den Anstrengungen der Nato, den Transfer von Informationstechniken in die Staaten des Warschauer Paktes zu verhindern. Im Frühjahr 1984 erweiterte die COCOM-Konferenz, der fast alle westlichen Industriestaaten angehören, ihre Embargoliste für militärische Güter, deren Export in den Ostblock verboten ist. Seither stehen auf dieser Liste auch rechnergesteuerte Telekommunikationssysteme, Computer-Software und -Hardware, einschließlich aller leistungsstarken Personalcomputer. Stephen Wozniak, der ehemalige Hacker aus Kalifornien, hat es jetzt amtlich: Sein Apple II ist eine Waffe.

ELEKTRONISCHER BANKRAUB UND FÄLSCHUNG MIT DEM BÜGELEISEN

Ein kleiner Führer durch die Computerkriminalität

Ein Versicherungscomputer führt einen Krämerladen

Als einer der Programmierer einer großen britischen Versicherungsgesellschaft im August 1980 die Programm-Bibliothek seiner Firma überprüfte, entdeckte er drei Programme, mit denen er nichts anzufangen wußte. Er meldete diesen Fund bei der Geschäftsleitung, eine Generaluntersuchung wurde angeordnet, und etwas noch Merkwürdigeres wurde gefunden: ein Programm, das offensichtlich dazu diente, Totozettel auszufüllen. Die Überprüfung ergab weiter, daß die drei unbekannten Programme der Verwaltung und Buchführung eines Lebensmittelladens dienten. Der Urheber dieser Programme war dann schnell entdeckt. Einer der leitenden Datenverarbeiter der Firma hatte den Großrechner benutzt, um seiner Freundin, der Eigentümerin des Lebensmittelgeschäftes, den Laden zu führen. Aus den Protokollen der Programm-Bibliothek ging hervor, daß der Rechner für diesen außerdienstlichen Zweck rund siebzigmal benutzt worden war.

Dieser Vorfall wäre nie bekannt geworden, wenn die Versicherungsgesellschaft ihrem Systemanalytiker mit dem Drang zur Nebentätigkeit nicht gekündigt hätte. Dieser widersprach der Kündigung, und es kam zu einem Gerichtsverfahren. Der Analytiker argumentierte vor Gericht, daß die private Nutzung üblich sei. Eine Reihe von Angestellten des Unternehmens hatten den Computer für ihre Zwecke eingespannt, wie die Entdeckung des Totosystemprogramms gezeigt hatte. Außerdem sah er sich ungerecht behandelt im Vergleich zu einem anderen Angestellten, den die Unternehmensleitung nach Entdeckung von Computermißbrauch nur versetzt hatte.

Dieser andere Angestellte, der in der Planungsabteilung der Versicherung arbeitete, hatte über seinen Terminal nur sehr eingeschränkt Zugang zum Rechenzentrum. Er war in seinem früheren Job Softwareprogrammierer gewesen und kannte bestimmte Schwachstellen im System «Roscoe», mit dem auch der Versicherungscomputer arbeitete. Nachdem er sich immer wieder darüber geärgert hatte, daß er und seine Abteilung nur einen begrenzten Zugang zum Computer hatten, nutzte er seine Systemkenntnis, um sich die Paßwörter für die uneingeschränkte Benutzung des Rechners zu besorgen, jene Codes, die dem Management der Datenverarbeitungsabteilung vorbehalten waren. Von da ab bediente er sich des Rechners für seine Arbeit, wie es nur die leitenden Angestellten konnten. Sein Computer-«Mißbrauch» war erst aufgefallen, als während der Generalüberprüfung nach der Entdeckung des ersten Falls auch die Programme für die Planungsabteilung kontrolliert wurden. Seine Begründung für die Manipulation wurde akzeptiert, weil er ja nur im Interesse des Unternehmens besser hatte arbeiten wollen.

Im Falle des Systemanalytikers dagegen gab das Gericht der Unternehmensleitung recht, die die Entlassung mit der eigennützigen Handlungsweise des Klägers begründete. Unter dem Gesichtspunkt der Computersicherheit war die unterschiedliche Behandlung der beiden Angestellten falsch. Bestraft wurde der Eigentumsverletzer, der seiner Freundin einen geldwerten Vorteil verschafft hatte, während der Paßwort-«Dieb» davonkam. Der war aber dem System in die Innereien eingedrungen. Wenn er gewollt hätte, wäre der Einbruch unentdeckt geblieben. Er hätte «Roscoe» auch so manipulieren können, daß die Programmänderung nicht protokolliert worden wäre. Die wirkliche Gefahr für die Versicherung bestand darin, daß ihr Eigentum, die Rechenanlage, vor dem Zugriff eines Unberechtigten völlig ungeschützt war.

Post-Ingenieur plündert Bankautomaten

Im März 1982 meldeten japanische Zeitungen die Verhaftung eines Ingenieurs, der mit Hilfe gefälschter Kreditkarten knapp 1,4 Millionen Yen (rund 15000 Mark) von einer Bank in Sapporo entwendet hatte. Der Ingenieur hatte im Auftrag der Post die Online-Systeme der Banken zu betreuen. Er war auf die Idee gekommen, auf eigene Faust die Sicherheit der Geldautomaten im Online-Betrieb zu überprüfen. Dazu bastelte er sich eine Ausrüstung, die im wesentlichen aus einem gewöhnlichen Cassettenrecorder bestand. Damit konnte er die Signale empfangen, die bei der Benutzung der Geldautomaten im Postnetz übertragen wurden. Er zeichnete die Signale auf und ließ sie unter Verwendung eines geeigneten Programms von seinem Mikrocomputer entschlüsseln. Als er den Sinn einzelner Signale verstanden hatte, kopierte er die entscheidenden Codes auf die Magnetstreifen von Plastikkarten. Drei dieser selbstgemachten Karten funktionierten einwandfrei, erst die vierte war schadhaft und führte zu seiner Entdeckung. Nach seiner Verhaftung verblüffte er die Fachleute der Bank und der Post, als er demonstrierte, wie lächerlich einfach seine Methode funktionierte.

Kassiererin betrügt Behörde

Um ihrem Sohn Reisen in die weite Welt zu ermöglichen, fälschte eine Mutter in Großbritannien Eingabedaten für den Computer. Die Mutter, Kassenstellenleiterin einer städtischen Behörde, ließ über den Computer drei Schecks in Höhe von insgesamt 13956 Pfund auf ihren Sohn ausstellen, der sich zu diesem Zweck den Namen David Allen zugelegt hatte. Die Einlösung der Schecks machte keine Probleme. 2000 Pfund, die von seinen Reisen nach Kanada und Australien übriggeblieben waren, deponierte er auf einem Konto bei einer Baugesellschaft, das seine Mutter unter dem falschen Namen Barbara White, aber mit ihrer richtigen Adresse eingerichtet hatte.

Die Kassenstellenleiterin hatte herausgefunden, wie die Fehlbuchungen geschickt verborgen werden konnten. Dennoch kam die Unterschlagung ans Licht, durch einen Zufall. Ein Prüfer stieß beim Vergleichen der Ausgabenbuchungen mit dem Budget auf zwei Buchungsvorgänge, die er sich nicht erklären konnte. Sein Verdacht führte zu einer sorgfältigen Überprüfung aller Ausgaben. Als die Kassenstellenleiterin von dieser Überprüfung erfuhr, versuchte sie, den Fehler wiedergutzumachen, den sie gemacht hatte, als sie die falsche Barbara White mit der echten Adresse ausstattete. Sie ließ sich den Betrag von 2000 Pfund per Scheck nach Hause schicken und gab den Brief ungeöffnet an die Post mit dem Vermerk «Empfänger unbekannt» zurück. Aber der Trick mißlang. Ihr Sohn wurde auf dem Londoner Flughafen Heathrow verhaftet und gestand. Mutter und Sohn kamen vor Gericht und wurden zu zwölf Monaten Freiheitsstrafe verurteilt.

Die 21-Millionen-Dollar-Unterschlagung

Der Angestellte einer Bank in Los Angeles, der dahintergekommen war, wie er mit Hilfe seines Computerterminals Geld unterschlagen konnte, hatte zunächst klein angefangen. Er hatte ein Konto bei einer Zweigstelle der Bank eröffnet und darauf Geld überwiesen. Dann hatte er dieses Geld auf ein weiteres, neues Konto bei einer anderen Zweigstelle transferiert. Da er wußte, wie das automatische Prüfsystem der Bank funktionierte, mußte er binnen fünf Tagen dieses Luftgeschäft durch Gegenbuchungen ausgleichen. Dafür eröffnete er wiederum ein Konto, und die fehlenden Summen, die das erste Luftgeschäft ausgleichen sollten, machten ein weiteres Luftgeschäft notwendig, das innerhalb von fünf Tagen notgedrungen eine neue Transaktion nach sich zog. Hinzu kam, daß die langsam größer werdenden Summen den Betrag von einer Million Dollar nicht überschreiten durften, da sonst automatisch eine Überprüfung ausgelöst worden wäre. Deshalb mußte der Angestellte nach einem immer komplizierter werdenden Zeitplan auf immer mehr Konten seine Unterschlagungen fortsetzen, um nicht aufzufallen. Er konnte nicht einmal Urlaub machen, weil dann der ganze Schwindel sofort aufgeflogen wäre.

Der Dauerstreß führte schließlich dazu, daß ihm ein Schreibfehler unterlief. Ein ungenau bezeichnetes Konto führte zu Nachforschungen und auf seine Spur. Das war am 23. Januar 1981, kurz nach der Mittagspause. Bis zu diesem Zeitpunkt hatte er zwei Jahre lang unterschlagen und dabei 21 Millionen Dollar beiseitegeschafft. Das war mehr als die Hälfte der Summe, die bei Banküberfällen in den ganzen USA im gleichen Jahr erbeutet wurden. Das unterschlagene Geld blieb verschwunden. Freunde des Angestellten hatten es verjubelt oder in zweifelhafte Geschäftsgründungen gesteckt. Einer hatte eine große Summe mit der Organisation von Boxveranstaltungen durchgebracht. Nur der Täter hatte nichts von seiner Tat gehabt, außer Arbeit.

Leslie Goldbergs elektronischer Bankraub

Der Rifkin-Fall beschäftigte lange Zeit die Presse, die ausführlich über alle Einzelheiten dieser bis dahin einzigartigen Tat berichtete. Da war ein Mann freundlich grüßend in das Allerheiligste einer Bank gegangen, hatte sich ein paar Zahlen notiert, die auf Merkzetteln an der Wand standen, und hatte dann durch einen Telefonanruf mehr als zehn Millionen Dollar auf sein Konto in die Schweiz überwiesen. Das erregte nicht nur die Leser der Boulevard-Presse, das machte auch die Fachwelt wild. Die Diskussion um Computersicherheit erreichte einen neuen Höhepunkt. Eine britische Fachzeitschrift forderte ihre Leser auf, zu «denken wie ein Dieb», und setzte 100 Pfund in einem Wettbewerb aus. Gesucht wurde die überzeugendste Darstellung eines Computerverbrechens.

Der erste Preis ging an einen Mann namens Leslie Goldberg, der der Zeitung schrieb: «Ich fühle mich angespornt von dem Gedanken, von Ihnen jetzt 100 Pfund zu erhalten, statt noch ein paar Monate darauf zu warten, bis ich 783216 Pfund oder 4995000 D-Mark oder einen noch größeren Betrag einsammeln kann –

dank der Zuvorkommenheit einer der größeren britischen oder europäischen Banken.» Goldberg pries die Sicherheitseinrichtungen der Bank in Los Angeles, die Rifkin geplündert hatte, und fuhr fort: «Zum Glück brauche ich nicht an eine Pinnwand zu schauen, um die richtigen Codes zu erfahren. Tatsächlich brauche ich nicht einmal die Bank zu betreten, die mich für den Rest meines Lebens mit Geld versorgen wird.» Und dann legte Goldberg die Einzelheiten eines Codierungssystems dar, über dessen Einführung die britischen Girozentralen gerade befinden wollten.

Goldberg beschrieb den Lesern zunächst die zum Zeitpunkt der Veröffentlichung, 1980, übliche Form der Codierung von Überweisungsaufträgen. Der Sachbearbeiter einer Bank in London, der auf das Konto einer Bank in Zürich eine bestimmte Summe überweisen will, übermittelt diesen Auftrag fernschriftlich. Um dem Empfänger zu beweisen, daß der Auftrag authentisch ist, verwendet er in seinem Fernschreiben nicht nur die Kontonummern und den Überweisungsbetrag, sondern er fügt dem Auftrag noch eine Codenummer an, deren Schlüssel auch dem Adressaten bekannt ist. Diese Codezahl ist die Summe aus den Codezahlen der einzelnen Bestandteile des Überweisungsauftrags. Verschlüsselt werden dabei die Bankleitzahl, das Datum, die Kennziffer für die Währungseinheit, die laufende Nummer des Geschäftsvorfalls und die Höhe der Überweisungssumme. Die Verschlüsselung geschieht elektronisch mit Hilfe eines Algorithmus, einer Rechenregel, die dem Computer eingegeben ist.

Seit 1977 hatten die britischen Giro-Banken nun darüber nachgedacht, wie ein einfaches Codierungssystem einzurichten sei, das vor Falschbuchungen schützen sollte und das gleichzeitig die Echtheit von Überweisungsaufträgen im nationalen und im internationalen Geldverkehr beweisen sollte. Das geplante Codierungssystem mußte also einerseits genügend Sicherheit bieten und andererseits einfach genug sein, um international als handhabbar anerkannt zu werden. Im Sommer 1978 veröffentlichte die Vereinigung der Londoner Giro-Banken ein Codierungssystem, das Lawrence Galitz, ein Wissenschaftler der Universität von Nord-Wales, entwickelt hatte, und das nach Ansicht der Banken diese Anforderung erfüllte.

Eine solche Veröffentlichung, die Listen von Codezahlen für die entsprechenden Beträge enthielt, war keine grobe Fahrlässigkeit, sondern Voraussetzung für die Einführung dieses Systems als internationaler Standard. Ein Schlüssel, der von einer großen Anzahl von Banken benutzt werden soll, muß allgemein zugänglich sein, schon weil die Ver- oder Entschlüsselung im Notfall auch mit Bleistift und Papier möglich sein muß. Die Sicherheit des geplanten Systems sollte sich vielmehr aus der Zusammensetzung des Standardschlüssels ergeben. Die Codezahl, die dem Überweisungsauftrag beigefügt werden sollte, setzte sich aus folgenden Komponenten zusammen:

Schlüsselzahl für die Verbindung zwischen zwei Banken (eine unveränderliche Größe)

laufende Nummer des Geschäftsvorfalls (eine veränderliche Größe)

Schlüssel für das Datum

Schlüssel für die Währungseinheit

Schlüssel für die Höhe des Betrages.

Für die Benutzung des Systems sollte gelten: Die laufende Nummer des Geschäftsvorfalls und die Schlüsselzahl für die Bankverbindung sind nur den autorisierten Angestellten der betroffenen Banken bekannt. Die Schlüssel für Datum, Betrag und Währung sind öffentlich, sie liegen in Form von Tabellen vor.

In seinem preisgekrönten Artikel beschrieb Leslie Goldberg dieses System und griff ein Beispiel auf, das Galitz für die Demonstration des Standard-Schlüssels benutzt hatte. Goldberg schrieb: «Ich miete mir ein Telex (es besteht kein Grund für unnötige Ausgaben), mit dem ich mich an einer geeigneten Stelle in die Verbindung zwischen einer englischen und einer deutschen Bank einschalte. Ich empfange alle Meldungen, die zwischen diesen Banken ausgetauscht werden, lese sie und lasse sie unverändert passieren. An dem Tag, an dem ich meinen Coup landen will, verändere ich zwei Aufträge (ich könnte jede beliebige Anzahl von

Überweisungsaufträgen nehmen), die von der englischen Bank zur deutschen Bank gehen. Die erste Meldung lautet:

Gutschrift Kontonummer 133456 über 100501,70 DM
Gutschrift Kontonummer 23454 über 35000 DM
Gutschrift Kontonummer 00122 über 56474,50 Pfund Sterling

Diesem Auftrag füge ich eine weitere Anweisung hinzu. Das Telex lautet, wenn ich es weiterleite:

Gutschrift Kontonummer 133456 über 100501,70 DM
Gutschrift Kontonummer 23454 über 35000 DM
Gutschrift Kontonummer 00122 über 56474,50 Pfund Sterling
Gutschrift Kontonummer *337893* über *783216,00 DM*

Der zweite Auftrag lautet:

Gutschrift Kontonummer 233455 über 30000000 DM
Gutschrift Kontonummer 111224 über 10000 Pfund Sterling
Verkauf von 5000 Stück ICI-Aktien

Diesem Auftrag füge ich folgende Instruktionen hinzu:

Gutschrift Kontonummer 233455 über 30000000 DM
Gutschrift Kontonummer 111224 über 10000 Pfund Sterling
Gutschrift Kontonummer *337893* über *4995000 DM*
Verkauf von 5000 Stück ICI-Aktien

Der Leser möge beachten, daß diese Überweisungsaufträge von Mister Galitz als Beispiele für die Berechnung seines Prüfschlüssels angegeben wurden. Der Schlüssel für die erste (Original-)Botschaft lautet: 35591 und für die zweite: 85223. Die Schlüsselzahlen für die Bankverbindung und die laufenden Geschäftsvorfälle sind mir unbekannt. Aber ich brauche sie auch gar nicht zu kennen. Falls Sie sich darüber wundern, warum ich ausgerechnet 783216 DM (Beispiel 1) oder 4995000 DM (Beispiel 2) hinzugefügt habe, will ich Ihnen sagen, daß diese Beträge sorgfältig erwogen wurden.»

Goldberg hatte beim Studium der Codezahl-Listen, die von den Giro-Banken veröffentlicht worden waren, entdeckt, daß Galitz alle Beträge vor der Verschlüsselung in Dreiergruppen aufteilte. Er hatte außerdem herausgefunden, daß die Umstellung dieser Dreiergruppen keine Änderung der Schlüsselzahl für den gesamten Betrag bedeutete. Im ersten Beispiel ist die Summe der drei Beträge 191975 (unter Vernachlässigung der Stellen hinter dem Komma). Galitz verschlüsselte 191 zu 5580 und 975 zu 5389. Die Schlüsselzahl für den Gesamtbetrag lautete dann 10939. Dieselbe Schlüsselzahl ergab sich (nach Umstellung der Dreiergruppen) auch für die Gesamtsumme 975191. Die Differenz zwischen den beiden Summen ist 783216, der Betrag, den Goldberg dem ersten Überweisungsauftrag hinzugefügt hatte. Goldberg hätte sich für den Überweisungsauftrag an sich selbst noch ein Konto bei der deutschen Bank einrichten müssen. Die Kontonummer 337893 für die beiden Beispiele war beliebig gewählt. Sie verändert zwar den Gesamtsummenschlüssel, aber auf den kommt es bei der Manipulation nicht an.

Noch lukrativer wäre die Vertauschung der Ziffern im zweiten Beispiel. Die Schlüsselzahl für 30015000 (Summe der Aufträge aus Beispiel 2) ist identisch mit der Schlüsselzahl aus 35001000. Auch hier hätte der kontrollierende Sachbearbeiter bei der deutschen Bank nicht gemerkt, daß knapp 5 Millionen Mark für das Konto eines Betrügers bestimmt waren. Denn der Schlüssel für die Überweisungssumme blieb unverändert 85223. Goldberg hatte die Schwachstelle des geplanten Standard-Schlüssels entdeckt. Ihm war aufgefallen, daß die Codierung der Dreiergruppen auf einem durchsichtigen Prinzip beruhte. Galitz hatte für die Verschlüsselung, also die Umwandlung von beispielsweise 191 in 5580, einen Algorithmus benutzt, der auf der Primzahl 691 basierte und der bei mehrstelligen Beträgen Wiederholungen der Schlüsselzahl produzierte. Goldberg analysierte die Wiederholungen und konnte daraus seine Beispiele konstruieren. Nach der Veröffentlichung verzichteten die Girobanken auf die Einführung des geplanten Codesystems.

Streikende Techniker legen Versicherung lahm

Bei Arbeitskämpfen haben Computer bisher kaum eine Rolle gespielt. In wenigen Fällen haben in Großbritannien Mitarbeiter von EDV-Abteilungen ihr Gehalt schon dadurch drastisch aufbessern können, daß sie nur mit Streik drohten. In einem Fall wurden die Gehälter verdoppelt, weil das für die Unternehmensleitung immer noch billiger war als die Hinnahme des zu erwartenden Produktionsausfalls.

In den Vereinigten Staaten wurde ein Fall bekannt, in dem Streikende sich eines Computers bedienten. Er ereignete sich 1971 bei der Metropolitain Life Insurance Company (MLIC) in New York. Die MLIC wickelte alle ihre Geschäfte über einen Honeywell 1800-Computer ab, der in ihrer New Yorker Zentrale stand. Alle Agenturen in zahlreichen Städten im ganzen Bundesgebiet waren über Datenfernleitungen mit der New Yorker Zentrale verbunden. Jede Nacht rief der Zentralcomputer die örtlichen Agenturen nacheinander an und ließ die dort bereitliegenden Magnetbänder mit allen Verkaufsdaten des Tages überspielen. Die so anfallenden Daten wurden dann verarbeitet, und die Ergebnisse wurden über Fernleitungen wieder an die Agenturen geschickt.

1971 streikte beim Computerhersteller Honeywell ein Techniker-Team, das über das Datenverarbeitungssystem der MLIC informiert war. Die Ingenieure riefen nun jede Nacht von ihrem Gewerkschaftsbüro aus die örtlichen Agenturen von MLIC an und gaben von einem Computer aus den dortigen Terminals den Befehl zum Einlesen der Magnetbänder. Da sie jedoch nicht den Befehl eingaben, die Magnetbänder wieder zurückzuspulen, fand der kurz darauf anrufende MLIC-Computer nur leere Bänder vor. In der Zentrale gingen keine Daten mehr ein, und in den Agenturen lagen morgens keine Arbeitsergebnisse vor. Die MLIC stand vor einem Rätsel. Alle Datensätze waren unbeschädigt vorhanden, nur die nächtliche Überspielung klappte nicht. Fast einen Monat lang wurde nach dem Fehler gesucht. Die Datenübermittlung mußte von Kurieren übernommen werden. Dann kam die Unternehmensleitung auf die Idee, die Terminals in den Agenturen nachts überwachen zu lassen. Es wurde entdeckt, daß die Bänder ordnungsgemäß liefen, wenn auch nicht auf Befehl des Zentralcomputers. Die Polizei wurde benachrichtigt, und die Telefongesellschaft installierte eine Fangschaltung, die schnell zum Streiklokal der Honeywell-Ingenieure führte.

Obwohl weder MLIC noch Honeywell eine Strafverfolgung wünschten, kam es zur Anklage gegen drei der Ingenieure. Es wurde ein schwieriger Prozeß, denn da die Angeklagten sich weder bereichert noch etwas zerstört hatten, konnten sie nicht wegen Sachbeschädigung oder «wire fraud» (Betrug mittels Fernsprecheinrichtungen) belangt werden. Sie wurden schließlich zu Geldstrafen verurteilt – nach einem Paragraphen gegen obszöne Anrufe.

Ein Konzern schafft 64000 neue Menschen

In der Liste der großen Wirtschaftsverbrechen nimmt der Fall der Equity Funding Corporation of America (EFCA) einen hervorragenden Platz ein. Als die EFCA im April 1973 Konkurs anmelden mußte, war durch Betrug, Unterschlagung und Urkundenfälschung sowie eine Reihe weiterer Straftatbestände ein Gesamtschaden von über einer Milliarde Dollar entstanden. Zumindest in den letzten drei Jahren vor dem Zusammenbruch des Unternehmens spielte der Computer als Tatwerkzeug eine wichtige Rolle, so daß der Equity Funding-Fall insgesamt der Computerkriminalität zugerechnet wird.

Ende der fünfziger Jahre war die EFCA eine kleine Agentur in Los Angeles, die Lebensversicherungen und Investmentpapiere verkaufte und von Provisionen lebte. Anfang der sechziger Jahre hatte dann der EFCA-Chef Stanley Goldblum die gewinnbringende Idee. Von nun an machte die EFCA mit ihren Kunden folgendes Kopplungsgeschäft: Die Kunden erwarben zunächst Investmentpapiere von der EFCA. Gleichzeitig schlossen die Kunden über die EFCA Lebensversicherungsverträge ab, deren Raten sie aus Darlehen bezahlten, die sie von der EFCA erhielten – gegen die Sicherheitsübereignung der erworbenen Investmentpapiere. Dabei wurde den Kunden erklärt, daß die Gewinne aus den Investmentpapieren die Rückzahlung der Darlehen finanzieren würden, und daß sie nach zehn Jahren schuldenfreie Inhaber von Lebensversicherungsverträgen wie Investmentanteilen sein würden. Dieses System setzte freilich voraus, daß die Kunden Jahr für Jahr neue Investmentanteile hinzukauften. Es konnte außerdem nur funktionieren, wenn die Gewinnausschüttungen durch ständiges Wachstum der Investmentfonds sichergestellt waren.

Zunächst lief das Geschäft ausgezeichnet. Die EFCA gründete eine Reihe eigener Investmentfonds, eine Bank auf den Bahamas und eine Versicherungsgesellschaft, die Equity Funding Life Insurance Company (EFLIC). Goldblum galt als «Wunderknabe der US-Versicherungswirtschaft». Dann stagnierten die Investmentkurse, und die EFCA begann, die Bilanzen zu schönen. Als das nicht mehr ausreichte, begann die «Auslandsphase». Ab 1968 gründete die EFCA in Übersee Scheinfirmen und Banken, an die sie nur auf dem Papier bestehende Versicherungsverträge «verkaufte», die in ihren Bilanzen das Vermögen aufbesserten. Um 1970 herum geriet der Verkauf von Anteilsscheinen ins Stocken, und die Kurse der EFCA-Papiere sanken von 80 auf 12 Dollar pro Stück. Die EFCA brauchte nun dringend Bargeld. Es begann die «Versicherungsphase».

Zu diesem Zweck verkaufte die Tochterfirma EFLIC die von ihr abgeschlossenen Versicherungsverträge an die Pennsylvania Life Insurance Company und andere Rückversicherer. Und weil der eigene Bestand an zu liquidierenden Verträgen nicht groß genug war, wurden bei der EFLIC Versicherungsverträge erfunden. Jetzt kam der Computer ins Spiel. Ein Lebensversicherungsvertrag ist eine umfangreiche Akte mit vielen persönlichen Daten. Solche Stöße von Formularen mit falschen Angaben auszufüllen, erfordert Zeit, die die führenden Leute des Konzerns nicht mehr hatten. Ihnen kam dabei zu Hilfe, daß die Käufer ihrer gefälschten Verträge, die Rückversicherungsgesellschaften, sich mit den Computerausdrucken der EFLIC zufriedengaben. Die Fälschung bestand darin, daß die Chefs der EFLIC im «master file», dem elektronischen Hauptbuch, die Daten von fiktiven Versicherungsverträgen einspeichern ließen. Wenn Geschäftspartner, wie die Pennsylvania Life, dann doch einmal Einblick in die (nicht vorhandenen) Originalunterlagen verlangten, wurden sie mit der Behauptung, diese Unterlagen seien gerade in einer anderen Abteilung, auf den nächsten Tag vertröstet. In Nachtsitzungen, die im Sprachgebrauch des Hauses «forgery parties» (Fälschungspartys) hießen, wurden bei der EFLIC dann die geforderten Verträge hergestellt. Dabei ging es offenbar lustig zu. Namen, Daten und Lebensläufe mußten erfunden werden sowie phantasievolle medizinische Gutachten. So entstand zum Beispiel ein Versicherungsnehmer namens «Save T. First», über den später die Presse lachte.

Da die Löcher in der Kasse immer größer wurden, kam man bald auf die Idee, die zunehmende Fälscherarbeit dem Computer zu überlassen. Zur Aufstockung des «master file» wurden nicht mehr fiktive Daten über die normale Eingabe-Routine eingelesen, sondern ein dafür entwickeltes Programm griff auf die in den Magnetbändern gespeicherten Daten alter Verträge zurück, schüttelte sie durcheinander, tauschte richtige Namen mit richtigen Daten untereinander aus und erhöhte schematisch Versicherungssummen und Prämien. Die so vom Computer nach mathematischen Zufallsprinzipien erfundenen «Versicherungsnehmer» stockten den Bestand der EFLIC nach und nach um die Bevölkerung einer mittleren Stadt auf. Bis zum März 1973 erfanden die EFLIC-Fälscher 64000 Versicherungsnehmer. Die Aufblähung der Kundenkartei war allerdings erzwungen. Denn die Muttergesellschaft EFCA, die die Policen der Scheinkunden an die Rückversicherer verkaufte, mußte die anfallenden Prämien zahlen, damit das Geschäft nicht aufflog. Jeder verkaufte Scheinvertrag machte die Erfindung neuer Scheinverträge notwendig, damit die Prämien bezahlt werden konnten.

Das Schneeballsystem brach zusammen, als im März 1973 ein EFLIC-Angestellter, der nicht an den Fälschungen beteiligt war, gegenüber der staatlichen Versicherungsaufsicht und einem Investment-Experten aus der Wallstreet von seinem Verdacht berichtete. Daraufhin bekam die EFLIC überraschend Besuch von Buchprüfern. Die EFCA versuchte, die Prüfung zu verhindern, hatte aber keinen Erfolg. In höchster Not schmuggelten die Fälscher eine Wanze in den Raum, in dem die Buchprüfer arbeiteten, um wenigstens mitzuhören, was entdeckt wurde. Es gelang ihnen, einen Teil des verräterischen Datenmaterials zu löschen sowie schriftliche Unterlagen zu vernichten, die sie in Banksafes ausgelagert hatten. Am 2. April stand die ganze Geschichte im «Wallstreet Journal», und wenige Tage später meldete die EFCA Konkurs an.

Nach dem Zusammenbruch folgten zahlreiche Straf- und Zivilverfahren in mehreren Bundesstaaten der USA. Goldblum wurde Ende 1975 zu einer Freiheitsstrafe von acht Jahren verurteilt. 21 weitere Mitarbeiter der EFCA, darunter drei Mitarbeiter aus dem EDV-Bereich, wurden zu ebenfalls hohen Gefängnisstrafen verurteilt. Neben den Richtern kümmerte sich eine Kommission um alle Verzweigungen dieses Falles. Großer Schaden war nicht nur den Rückversicherungsgesellschaften zugefügt worden. Auch die etwa hunderttausend Inhaber von EFCA-Investmentpapieren hatten zusammen rund 500 Millionen Dollar verloren.

Kassenleiter jongliert mit 50 Konten

«Jeder, der einen Kopf auf den Schultern trägt, könnte erfolgreich Geld von einer Bank erschwindeln. Und viele machen es. Auf jeden Dollar, der einer Bank bei einem Überfall abgenommen wird, kommen viele, die ihr durch Betrug verlorengehen. Obwohl die Banken zahllose Millionen von Dollar für die äußere Sicherheit ausgeben, vernachlässigen sie oft die innere Sicherheit. Ich kenne mich aus. Über einen Zeitraum von drei Jahren habe ich von einer New Yorker Sparkasse 1,5 Millionen Dollar gestohlen. Und die Bank schien nie auch nur einen Penny davon zu vermissen.»

Mit diesen Sätzen beginnt die Beichte des Kassierers S., die er 1974, nach einer Verurteilung zu 20 Monaten Freiheitsstrafe, im Gefängnis schrieb. S. war 38 Jahre alt, als er erwischt wurde, und neun Jahre bei der Union-Dime-Savings-Bank in New York angestellt gewesen. Für seinen Job als Kassierer, der ihm zum Schluß 11 000 Dollar Gehalt pro Jahr einbrachte, war er hochqualifiziert. Nach einer Highschool-Ausbildung hatte er Managementkurse an der New Yorker Universität belegt und Bankbetriebslehre studiert. Daß er sich angesichts seiner Fähigkeiten unterbezahlt fühlte, war die eine Hälfte seines Motivs, die Bank zu plündern. Die zweite war Geldmangel. Denn S. war ein leidenschaftlicher Spieler. Er wettete mit hohen Einsätzen bei Pferderennen.

Eines Tages nahm er 5000 Dollar aus seiner Kasse und ging damit zum Rennplatz. Er wollte wetten, gewinnen und die 5000 Dollar wieder in die Kasse zurücklegen. Am ersten Abend verlor er 3000 Dollar, am darauffolgenden Tag die restlichen 2000. Alles, was dann folgte, erklärte er später damit, daß er versuchen wollte, diesen Verlust auszugleichen.

Anfangs nahm S. kleinere Beträge aus seiner Kasse, die er dann, was als normal akzeptiert wurde, als Fehlbestände ausgab. Dann besann er sich auf die Möglichkeiten, die der Computer der Union-Dime bot. Alle Kassenterminals waren online mit dem Zentralrechner verbunden. S. sagte später: «Ich will nicht behaupten, daß es das Stehlen leichter machte, aber es machte es schneller.»

Zur Vorbereitung seiner Unterschlagungen prüfte S. jeden Abend die Kontobestände. Wenn ein Konto mit einer großen Einzahlung – 100000 Dollar oder mehr – eröffnet worden war, nahm er eine «Berichtigungs»-Buchung vor. Die korrigierte Buchung lautete dann über 50000 Dollar, den Rest nahm er aus der Kasse und trug ihn auf den Rennplatz. Nach der Erfahrung konnte S. davon ausgehen, daß die falsche Berichtigungsbuchung nicht auffallen würde, bis der Kunde nach drei Monaten wiederkam, um sich die Zinsen gutschreiben zu lassen, die die Union-Dime vierteljährlich berechnete. Er mußte also nur dafür sorgen, daß das Defizit auf dem Konto ausgeglichen war, bevor der Kunde es merken konnte. S. nahm den Betrag dafür einfach von einem anderen Konto – wieder per «Berichtigungs»-Buchung. Um sein Risiko zu vermindern, suchte S. sich stets Sparkonten aus, auf denen in der Vergangenheit wenig Bewegung stattgefunden hatte und deren Inhaber sich auf Einzahlungen und das Gutschreiben von Zinsen beschränkten. Wenn dann doch ein Kunde überraschend in der Bank erschien, um Geld abzuheben, mußte er den Fehlbestand sehr schnell ausgleichen. Das gelang ihm drei Jahre lang, ohne daß es jemandem auffiel. Die Methode des Löcherstopfens durch das

Aufreißen neuer kostete freilich viel Kraft und Aufmerksamkeit. S. mußte bald eine eigene Buchhaltung aller Konten führen, die er in seine Unterschlagung einbezogen hatte. Abwesenheit in der Bank wegen Krankheit oder Urlaub konnte er sich auch nicht mehr leisten. Es kam natürlich vor, daß einer der Kunden, deren Geld S. abends auf dem Rennplatz verwettete, an einem anderen Kassenterminal von einem Kollegen bedient wurde und dort entdeckte, daß der Kontostand falsch war. In solchen Fällen wurde S. jedoch regelmäßig von den Kollegen, meist jüngere und unerfahrene Kassierer, angesprochen, denn S. war der Aufseher der Kassenabteilung. S. beruhigte dann den Kollegen und den Kunden, schob die Schuld auf den unzuverlässigen Computer und bat um etwas Geduld für eine Überprüfung. Dann glich er den Fehlbetrag auf die gewohnte Weise mittels Korrekturtaste aus. Diese zahlreichen Korrekturen wurden, wenn sie überhaupt bemerkt worden waren, nie beanstandet. «Es ging alles gut, aber zum Schluß zitterten mir die Hände», gestand S. «Niemand verdächtigte mich, aber ich jonglierte mit mehr als 50 Konten, um die Bücher in Ordnung zu halten.»

Damit ihm das Spiel nicht über den Kopf wuchs, verlegte S. sich später auf Sparbriefe mit zweijähriger Laufzeit. Wenn ein Kunde an seinem Kassenschalter einen solchen Brief über 20000 Dollar kaufte, dann stellte er zwar die dafür notwendigen Papiere aus, gab die Transaktion jedoch nicht in den Computer ein. Das verschaffte ihm Ruhe bis zum Fälligkeitsdatum des Sparbriefs. Dennoch unterliefen ihm Dutzende von Fehlern. Da beschwerten sich zum Beispiel Kunden, daß der Zinseintrag zu niedrig war, weil er vergessen hatte, den Zinsverlust des geplünderten Kontos auszugleichen. Immer wieder gelang es ihm, die Schuld auf die unerfahrenen Kollegen oder den störanfälligen Computer zu schieben. Er stolperte auch nicht darüber, daß Fehlbestände während seiner Abwesenheit auffielen. Zu Anfang, als er noch für vierzehn Tage auf Urlaub zu gehen wagte, hatten Kollegen falsche Kontostände entdeckt, aber mit der Aufklärung gewartet, bis er wieder aus dem Urlaub zurück war.

Daß S. im März 1973 dennoch erwischt wurde, lag ausschließlich an seiner Wettleidenschaft. Ein Buchmacher, der des Wettbetrugs verdächtigt wurde, war verhaftet, seine Unterlagen waren beschlagnahmt worden. Bei der Durchsicht dieser Unterlagen fiel Beamten von der Abteilung zur Bekämpfung des organisierten Verbrechens auf, daß der Buchmacherkunde S. ungewöhnlich hohe Einsätze getätigt hatte. Die Beamten beobachteten S. auf dem Rennplatz und sahen, wie dieser täglich 30000 Dollar verwettete. Sie benachrichtigten die Union Dime, die daraufhin S. am Arbeitsplatz überwachen ließ. Er wurde dann auf frischer Tat ertappt.

Im Gefängnis erteilte S. Unterricht in Mathematik und Programmieren und schrieb seinen Bericht: «Wie ich 1,5 Millionen Dollar unterschlug und beinahe damit durchkam.» Er kritisierte darin den Leichtsinn der Sparkasse, der ihm das Geschäft so einfach gemacht hatte: «Jede Bank, die nur einen Aufseher im Kassenbereich hat, lädt dazu ein, betrogen zu werden. Hätte es einen weiteren Aufseher mit der gleichen Verantwortlichkeit gegeben, glaube ich nicht, daß ich gestohlen hätte.» Und er forderte mehr Urlaub und häufigere Versetzung von Kassierern: «Wenn die Bank von mir verlangt hätte, daß ich für sechs Wochen meinem Aufseherjob fernblieb, wäre ich in Schwierigkeiten gekommen. Ich weiß, welche Zahl von Problemen in zwei Wochen auf mich zukamen. Wenn ich sechs Wochen hätte wegbleiben müssen, wäre das ganze Schiff gesunken.» Zum Schluß gab S. den Banken noch einen guten Rat. «Es gibt für jedes narrensichere System eine Methode, mit der es überwunden werden kann. Ich bitte die Banker nur, sich ihre Systeme ein bißchen genauer anzusehen, bevor sie sagen: ‹Sowas könnte hier nicht passieren›.»

Magnetkarten-Fälschung mit dem Bügeleisen

Die Verwaltung der Pariser Metro führte am 1. Oktober 1973 ein computergesteuertes Kontrollsystem ein, von dem sie behauptete, es sei «narrensicher». Die neuen Fahrscheine waren mit einem Magnetstreifen versehen. Der Fahrgast mußte das Ticket am Eingang der Metro-Station in den Schlitz des Drehkreuzes stecken. Einer der zwölf Computer, die zu diesem Zweck aufgestellt wurden, überprüfte dann den Fahrschein und gab innerhalb von 0,007 Sekunden den Befehl, die Drehkreuz-Sperre aufzuheben, wenn der Fahrschein gültig war.

Eine Woche später präsentierte das Wochenmagazin «Nouvelle Observateur» seinen Lesern eine Methode, mit der man dennoch U-Bahn fahren konnte, ohne zu bezahlen. Der Trick war bereits preisgekrönt. Ein halbes Jahr zuvor hatte die First National City Bank of New York für Studenten am California Institute of Technology einen Wettbewerb ausgeschrieben, mit dem die wirkungsvollste Methode der Magnetkartenfälschung gefunden werden sollte. Der erste Preis, 5000 Dollar, war an einen Studenten gegangen, der den «Ticket-Duplikator» erfunden hatte. Das Verfahren war mit den Magnetkarten-Fahrscheinen der «Bay Area Rapid Transit»-Verkehrsgesellschaft erfolgreich erprobt. Diese Gesellschaft verwandte elektronisch codierte Monatsfahrscheine, die bei jeder Benutzung elektronisch entwertet wurden. Der Trick bestand ganz einfach darin, einen kleinen Streifen Magnetband auf ein gültiges Ticket zu legen und mit einem erwärmten Stück Eisen vorsichtig über die Rückseite des Streifens zu fahren. Dabei wird die Codierung des Tickets auf den Magnetstreifen übertragen. Der Streifen wird dann auf eine entwertete Karte geklebt, die dadurch wieder «so gut wie neu» ist.

Die City Bank hatte diesen Wettbewerb aus nicht uneigennützigen Motiven veranstaltet. Sie wollte damit den Kunden der Konkurrenz beweisen, daß Magnetkarten grundsätzlich nicht fälschungssicher sind. Die City Bank selber benutzte ein anderes Kartensystem: Aluminiumfolien mit eingestanzten Löchern, die von einem Laserstrahl gelesen wurden.

Lösegeld für Bandspeicher

Der Fall begann als ein Spiel. R., leitender Angestellter für den EDV-Bereich beim britischen Chemie-Konzern ICI in Holland, hatte ein Buch über Computerkriminalität gelesen. Darin war ein Fall von räuberischer Erpressung geschildert, bei dem es um die angedrohte Vernichtung von Software ging. R. sprach darüber mit seinem Kollegen P., einem Systemanalytiker. Wie die beiden später aussagten, überlegten sie nur so zum Spaß, wie sie auf diese Weise zu Geld kommen könnten.

R., der für die Verwaltung des gesamten Datenbestandes verantwortlich war, hatte Zugang zu allen Programmen. Er mietete eine Wohnung mit Klimaanlage in Antwerpen, die für die sichere Aufbewahrung von Software geeignet war. Dann schafften die beiden 540 Magnetbänder und 48 Speicherplatten aus dem Firmenarchiv in die Wohnung. ICI gab später den Gesamtwert des beiseitegeschafften Datenmaterials mit 150000 Pfund an. R. rief dann einen ICI-Direktor an und verlangte 275000 Pfund in kleinen, gebrauchten Scheinen. Um der Forderung Nachdruck zu verleihen, schickten die beiden einige Bänder nach London, auf denen die Daten teilweise gelöscht waren.

Bei den Vorbereitungen zur Übergabe des Lösegeldes zeigte sich, daß die beiden diesen Teil des Plans offenbar nicht durchdacht hatten. Sie hatten zwar verlangt, daß die Polizei nicht eingeschaltet werden sollte, aber ihre Telefongespräche mit der ICI-Zentrale wurden natürlich mitgeschnitten, und die Polizei überwachte alle ihre Schritte. Bei der vorgetäuschten Geldübergabe in London schickte ICI einen Kontaktmann mit leerem Koffer zum Treffen in der Oxford Street. Die beiden Erpresser kamen auf einem Motorroller, griffen sich den leeren Koffer und versuchten zu entkommen. Sie wurden nach einer wilden Jagd durch die Londoner Innenstadt gestellt. Im Februar 1978 wurde R. zu sechs und P. zu fünf Jahren Freiheitsstrafe verurteilt.

10 Millionen Dollar Beute mit einem Anruf aus der Telefonzelle

Mark Rifkin, ein EDV-Spezialist mit wissenschaftlicher Ausbildung, war 32 Jahre alt, als er die Chance seines Lebens sah. Mark arbeitete im Sommer 1978 für eine Software-Firma, die den Auftrag hatte, das Computersystem der Pacific National Bank in Los Angeles zu verbessern. Zu diesem Zweck mußte Mark sich in der Bank gründlich umsehen, um die Arbeitsabläufe kennenzulernen. Der Job brachte auch mit sich, daß er unkontrolliert den Raum betreten konnte, in dem 40 Angestellte von ihren Bildschirmterminals aus das gesamte in- und ausländische Geldgeschäft abwikkelten. Die Pacific National Bank war an das Datennetz «Fedwire» angeschlossen, über das 435 Kreditinstitute aus allen Bundesstaaten der USA ihre finanziellen Transaktionen erledigten. In diesem Netz wurden täglich vier Milliarden Dollar bewegt. Mark besuchte diesen Raum immer wieder, schaute den Angestellten bei der Arbeit zu und wußte bald alles über den elektronischen Geldtransfer und dessen Schutz. Jeder telefonische Auftrag, der in dieser Zentrale einging, wurde nur dann ausgeführt, wenn der Auftraggeber das richtige, täglich wechselnde Codewort nannte. Das notierten die Angestellten der Einfachheit halber auf kleinen Zetteln, die sie an die Pinnwand hängten.

Am Mittwoch, dem 25. Oktober 1978, stattete Mark dem Datenübertragungsraum einen letzten Besuch ab, hielt ein Schwätzchen mit den Angestellten und notierte einige Kontonummern sowie den für diesen Tag gültigen Code. Nachmittags, gegen 16 Uhr, ging Mark in eine Telefonzelle vor dem Bankgebäude und führte ein folgenreiches Ortsgespräch. Er rief die Bank an, ließ sich mit dem Datenübertragungsraum verbinden und gab sich dort als Mitarbeiter der Auslandsabteilung der Bank aus. Dann ordnete er die Überweisung von 10,2 Millionen Dollar auf ein Konto der Irving Trust Company in New York an. Beinahe hätte eine kleine Panne den ganzen Plan verdorben. Denn Mark nannte zwar das richtige Codewort, gab aber für die Überweisung eine Kontonummer an, die inzwischen geändert worden war. Mark wurde auf den Fehler aufmerksam gemacht, entschuldigte sich und versprach, gleich wieder zurückzurufen. Dann ließ er sich mit der Auslandsabteilung verbinden, gab dort die alte Kontonummer an und verlangte die neue. Weil er die geänderte Kontonummer kannte, wurde er für einen Kollegen gehalten, der Hilfe brauchte. Mark erhielt die richtige Kontonummer und konnte damit die Überweisung in Bewegung setzen. Bei der New Yorker Bank wurde das Geld auftragsgemäß dem Konto eines Züricher Kreditinstituts gutgeschrieben.

Nun begann der zweite Teil des Plans, der jedoch, wie sich herausstellte, wesentlich schwerer durchzuführen war. Mark war klar, daß er das Geld «waschen» mußte. Seine Idee war, für das Geld Diamanten zu kaufen und diese wieder in Bargeld zurückzuverwandeln. Für die Summe, die er sich überweisen ließ, hatte er bereits Diamanten bei einem Schweizer Händler bestellt. Als er am Donnerstagabend in Genf ankam, erlebte er die erste Enttäuschung. Der Händler hatte nur für gut acht Millionen Dollar Diamanten auftreiben können. Außerdem war das Geld von der New Yorker Bank noch nicht in die Schweiz überwiesen worden, und so dauerte es bis zum Freitag, bis der Handel endlich abgeschlossen war. Mark schaffte die Steine nach Luxemburg und flog von dort aus zurück in die USA mit den Diamanten im Gepäck, versteckt in einem Wäschebeutel. Bei der Ankunft in New York wurde zwar sein Gepäck vom Zoll kontrolliert, die Beamten fanden die Steine aber nicht. Er flog weiter nach Los Angeles und mietete sich in einem Hotel in Beverly Hills ein. Von dort aus nahm er Kontakt zu einem befreundeten Rechtsanwalt auf, mit dem er vorher andeutungsweise über seine Pläne gesprochen hatte. Der Anwalt sollte ihm helfen, die Steine auf dem Schwarzen Markt zu verkaufen. Das war der Anfang vom Ende.

Der Anwalt war über das Ausmaß des Coups so erschrocken, daß er das FBI alarmierte. Die Polizei benachrichtigte die Bank und stellte zu ihrer Überraschung fest, daß dort das Fehlen von 10,2 Millionen Dollar überhaupt noch nicht aufgefallen war. Erst auf Drängen des FBI wurden die Konten überprüft und der Verlust entdeckt – acht Tage nach der Tat. Von nun an war Mark, der davon nichts ahnte, der meistgesuchte Mann in den Vereinigten Staaten. Er hatte inzwischen ein paar kleine Steine verkaufen können, um Bargeld zu haben, aber sein Freund hielt ihn hin.

Mark wurde schließlich ungeduldig und flog an die Ostküste, um dort Kontakt zu einem zweiten befreundeten Anwalt aufzunehmen. Aber auch der verriet ihn an die Polizei. Am Abend des 3. November sah Mark sein Konterfei als Fahndungsfoto in den Spätnachrichten des Fernsehens. Von nun an floh er quer durch die Staaten, entkam auf einem Flughafen nur knapp der Verhaftung und versteckte sich schließlich im Apartment eines weiteren Freundes. Dort wurde er am 6. November verhaftet.

Während der Untersuchungshaft, aus der er schon am 20. November gegen eine Kaution von 200000 Dollar wieder entlassen wurde, war Mark ein begehrter Mann. FBI-Agenten besuchten ihn mehrfach, um sich von ihm in seine Tricks einweisen zu lassen. Er erklärte ihnen, wie man mit einem Computerprogramm den elektronischen Geldverkehr stören könnte und arbeitete sogar einen Lehrplan über Computerverbrechen für Polizisten und Ankläger aus.

Als er wieder frei war, beging Mark den entscheidenden Fehler. Noch in der Untersuchungshaft hatte er einem Mithäftling vorgeschlagen, den gleichen Coup noch einmal zu landen. Als auch dieser Häftling freikam, gingen die beiden ans Werk. Diesmal sollten es 50 Millionen Dollar sein, und Mark wollte jeden Fehler ausschließen. Aber er lief direkt in die Falle, denn sein Kumpan arbeitete als Spitzel für das FBI. Mark wurde auf frischer Tat ertappt und vor Gericht gestellt. Das Urteil lautete auf acht Jahre, von denen er zweieinhalb Jahre verbüßte.

Lohngelder für Phantom-Arbeiter

Drei Frauen in einer staatseigenen Fabrik für Rechenmaschinen in der litauischen Stadt Wilna kassierten jahrelang Lohngelder, die ihnen nicht zustanden. Sie hatten der im Computer gespeicherten Gehaltsliste ein paar erfundene Namen hinzugefügt und eine

Kassiererin, die beim Komplott dabei war, nahm die Gelder für die Phantom-Arbeiter in Empfang. Als sie nach vier Jahren erwischt wurden, hatten sie 78584 Rubel unterschlagen. Sie wurden zu Gefängnisstrafen zwischen acht und fünfzehn Jahren verurteilt. Der Fall wurde bekannt, weil die sowjetische Presse über den Prozeß berichtete.

Ein Schüler sammelt Paßwörter

Im Dezember 1974 berichtete die britische Fachzeitschrift «New Scientist» über einen Fall, der so typisch ist, daß es eigentlich keine Rolle spielt, ob er sich so oder ein bißchen anders zugetragen hat. Ein fünfzehn Jahre alter Junge aus Westminster durfte eine Zeitlang in seiner Schule den Terminal benutzen, der an einen Großrechner angeschlossen war. Auf diesem Rechner ließen zahlende Kunden aus Industrie und Verwaltung ihre Programme laufen (Time sharing). Bei diesem Verfahren sind die Terminals der Benutzer des Großrechners nicht ständig mit diesen verbunden, sondern für jeden Arbeitsgang wird eine telefonische Verbindung über das normale Postnetz hergestellt. Wenn ein Kunde den Großrechner angewählt hat, muß er sich mit einer Kontonummer und einem Paßwort identifizieren.

Joe, der fünfzehnjährige Junge aus Westminster, fand nun durch Probieren heraus, wie er in den Zentralspeicher des Großrechners gelangen konnte. Dann schrieb er ein Programm, mit dem er sich das Betriebssystem des Computers ausdrucken lassen konnte. Damit hatte er eine Liste des Programms, das die Software aller Kunden verarbeitete. Mit dieser Liste, ein paar Tips von Profi-Programmierern und einem geliehenen Handbuch des Betriebssystems erweiterte er sein Programm nun so, daß er die Kontennamen aller Benutzer des Großrechners festhalten konnte. Nun fehlten ihm nur noch die Paßwörter der Mitbenutzer. Dazu mußte er seinen Terminal so schalten, daß er die Kontaktaufnahme eines Kundenrechners mit dem Zentrum «abhören» konnte. Und dabei half ihm wieder das Programm, das den Zentralspeicher lesen konnte.

Joe konnte nun eine Liste der Paßwörter erstellen, weil diese während des Begrüßungszeremoniells zwischen dem Kundencomputer und dem Zentralrechner eingegeben wurden und er sie dabei protokollierte. Er fand heraus, daß normale Kunden nur Zugang zu von ihnen selbst gespeicherten Daten hatten und nur ihre eigenen Programme bearbeiten lassen konnten, daß es aber keine Querverbindungen zwischen den Kunden-Programmen gab. Nur wenige privilegierte Benutzer hatten Zugang zu allen Speichern. Joe mußte nun nur noch so lange warten, bis diese Benutzer mit ihren Paßwörtern an den Rechner gingen.

Nach vier Monaten hatte er das System vollständig im Griff. Er hätte Paßwörter austauschen, Kunden von der Liste der Zugangsberechtigten streichen oder Veränderungen in den Kundendateien vornehmen können. Aber er tat nichts dergleichen. Stattdessen schrieb er einen Brief an die Time-sharing-Firma und schilderte, was er gemacht hatte. Er erhielt keine Antwort. Aber später merkte er, daß das Betriebssystem des Rechners geändert worden war.

Ein Angestellter besucht seine ehemalige Firma

Anfang der siebziger Jahre benutzte die US-Energiebehörde (Federal Energy Administration, FEA) drei von der Stanford University ausgearbeitete Programme, um geheime Daten über Ölvorkommen und andere Energiequellen zu verarbeiten und zu speichern. Im Sommer 1975 schloß die FEA mit der Firma Optimum Systems Inc. (OSI) in Santa Clara, Kalifornien, einen Vertrag über die Verwaltung dieser Programme. Dieser Vertrag kam nach einer öffentlichen Ausschreibung zustande, wobei OSI das billigste Angebot abgegeben hatte. Zwei der nicht berücksichtigten Mitbewerber protestierten sofort gegen die Vergabe an OSI und behaupteten, diese Firma verfüge nicht über den Sicherheitsstandard, der in der Ausschreibung gefordert worden war.

Diese Vorwürfe wurden vom Rechnungshof geprüft, der zu dem Ergebnis kam, daß sie berechtigt waren. Der Rechnungshof stellte deshalb fest, der Vertrag mit OSI sei «nicht ordentlich» zustandegekommen. Gleichwohl empfahlen die Prüfer, den Vertrag bei OSI zu belassen, weil der FEA inzwischen 7,7 Millionen Dollar an Kosten entstanden waren, die mit der Aufhebung des Vertrages verloren gewesen wären.

B., einer der Systemprogrammierer von OSI, war ebenfalls mit der Datensicherheit in seiner Firma unzufrieden. Er stritt darüber mit der Geschäftsleitung und schied schließlich im Juni 1975 bei OSI aus – «in gegenseitigem Einvernehmen».

Am 30. Dezember 1975 entdeckte ein OSI-Programmierer, daß ein unbekannter Benutzer in das System eingedrungen war. Die Firma traf darauf Vorkehrungen, um den Eindringling zu erwischen. Am nächsten Tag gelang es, die Benutzung des Systems durch den fremden Besucher zu protokollieren. Gleichzeitig konnte die Telefongesellschaft die Spur des Eindringlings, der über das öffentliche Fernsprechnetz in das System gelangt war, zurückverfolgen. Sie führte zu einem kleinen Computerladen, den B. inzwischen eröffnet hatte. Am 9. Januar 1976 durchsuchte das FBI B.'s Büro. Es fand die Computerausdrucke von B.'s «Besuchen» im OSI-Computer aus den letzten drei Monaten.

Im Juni 1976 wurde B. vor das Bundesgericht in Baltimore, Maryland, gestellt. Er wurde des Mißbrauchs des Telefonnetzes (Wire Fraud) und der Verbringung gestohlenen Eigentums in einen anderen Bundesstaat angeklagt. In einem einwöchigen Prozeß wurde er in beiden Anklagepunkten für schuldig befunden und zu einer Haftstrafe von drei Monaten mit einer dreijährigen Bewährungsfrist verurteilt. In seinem Urteil erklärte der Richter, daß eine Haftstrafe notwendig sei, um andere davon abzuhalten, Software aus Computern zu stehlen.

In diesem Prozeß ging es um die Frage, ob Computerprogramme Eigentum sind. Denn die Bestrafung für den Mißbrauch des Telefonnetzes setzte voraus, daß Geld oder fremdes Eigentum angeeignet wurde. Der Richter entschied, daß das Kopieren der Programme Diebstahl sei. OSI habe diese Programme in langer Arbeit entwickelt, um damit Regierungsaufträge zu erhalten. Sie seien deshalb Geschäftsgeheimnisse und somit Eigentum.

Zwei Jahre später bestätigte ein Berufungsgericht dieses Urteil sowie das Strafmaß, das wohl noch höher ausgefallen wäre, wenn OSI es seinem ehemaligen Angestellten B. nicht so leichtgemacht hätte. B. hatte nicht lange herumprobieren müssen, um in den OSI-Computer einzudringen. In den Monaten nach seinem Ausscheiden aus der Firma war dort nicht ein einziges Paßwort geändert worden.

Beim Arztbesuch verschwinden 1,5 Millionen Mark

Anfang Februar 1983 ging eine der Kassiererinnen einer großen süddeutschen Sparkasse zu ihrem Abteilungsleiter und sagte, daß sie am folgenden Vormittag ein paar Stunden freinehmen müsse, da sie einen Termin bei ihrem Arzt habe. Etwa um die gleiche Zeit rief bei dieser Sparkasse ein Mann an, der sich am Telefon als Angestellter eines Großkunden vorstellte. Er bat die Sparkasse, am nächsten Tag ausreichend Bargeld zur Verfügung zu halten, weil seine Firma einen Betrag in Millionenhöhe abheben wolle. Die Sparkasse kam wie üblich dieser Bitte nach und stellte für den folgenden Tag in der vom Anrufer angegebenen Filiale genügend Bargeld bereit.

Am nächsten Vormittag führte die Kassiererin eine einfache Buchung aus. Sie erhöhte den Kontostand ihres Freundes um 1,3 Millionen Mark. In der Filiale wurde dieser neue Kontostand in derselben Sekunde ausgewiesen, da die Buchung online über EDV lief. Eine Viertelstunde später ging der Freund der Kassiererin zur Kasse, präsentierte mehrere Schecks und hob die 1,3 Millionen Mark in bar ab. Ein für Geldabhebungen in dieser Größenordnung zuständiger Kontrolleur überprüfte vor der Auszahlung Schecks und Kontostand und ließ das Geld auszahlen, da offensichtlich alles seine Ordnung hatte. Während ihr Freund am Kassenschalter das Geld einsteckte, verließ die Kassiererin ihren Arbeitsplatz, um «zum Arzt» zu gehen. Die beiden entkamen mit dem Geld ins Ausland und sind bis heute nicht gefaßt.

Dieser in seiner Durchführung so simpel wirkende Coup konnte aber nur gelingen, weil die Täter erfolgreich auf eingeschliffenes Verhalten in der Alltagsroutine spekulierten. Die Kassiererin wußte zwar, daß das Falschbuchen und Abheben am Vormittag erfolgen mußte, weil das interne Kontrollsystem der Sparkasse gegen Mittag zur Entlarvung der Manipulation geführt hätte. Entscheidend für das Gelingen des Plans war jedoch, daß mindestens zwei Sparkassenangestellte so mitspielten, wie die beiden Täter es von ihnen erhoffen konnten. Der ganze Plan wärc bereits ins Wasser gefallen, wenn der Mann in der Sparkasse, der den Telefonanruf erhielt, beim Großkunden der Sparkasse rückgerufen hätte, um sicherzustellen, daß der Anruf auch wirklich aus dieser Firma kam. Er tat es nicht, sei es, weil die geforderte Millionensumme nicht aus dem üblichen Rahmen fiel, sei es, weil der Anruf zu einem Zeitpunkt kam, als in der Sparkasse Hochbetrieb herrschte.

Die zweite Schwachstelle war die Kontrolle bei der Geldauszahlung. Der Kontrolleur, der die Auszahlung freigab, überprüfte die Schecks und die Identität des Abhebers. Er vergewisserte sich selbstverständlich auch, daß auf dem Konto ausreichende Dekkung für die Schecks vorhanden war. Er hätte aber außerdem durch eine einfache Rückfrage überprüfen können, wann und wie dieser Kontostand zustande gekommen war. Dann wäre die Falschbuchung sofort aufgefallen. Er tat es nicht, weil der Vorgang so normal schien. Er kam nicht auf die Idee, daß der Kunde, der mit dem bankinternen Buchungsverkehr ja überhaupt nicht in Verbindung zu bringen war, an einer Manipulation beteiligt sein könnte.

Die Sparkasse zog aus diesem Vorfall die Konsequenz, das Kontrollpersonal darauf zu trimmen, auch außergewöhnliche und unmöglich erscheinende Situationen für denkbar zu halten. Außerdem erwog sie, in ihre Datenverarbeitung ein Programm aufzunehmen, das während der Schalterstunden nach dem Zufallsprinzip Buchungen auswählt und auf ihre Richtigkeit überprüft. Diese Maßnahmen brächten jedoch Verzögerungen im Geschäftsablauf mit sich. Das Dilemma aller Sicherheitsmaßnahmen wurde deutlich: Je gründlicher die Kontrolle, um so weniger wird handhabbar, was durch Kontrolle geschützt werden soll.

Ein Computer versteckt Sofas und Schränke

Ein sehr einfaches, aber, wie sich dann herausstellte, auch sehr ungeeignetes Verfahren, um an Geld zu kommen, wandten mehrere Angestellte einer Möbelhandelskette in einer Kleinstadt in Pennsylvania an. Ihr Verkaufslager war über Computer mit der Zentrale in Chicago verbunden. Verkäufe, Warenbestellungen und Inventurlisten wurden am Terminal eingegeben und an die Zentrale gemeldet. Anfang 1974 begannen ein Vorarbeiter, zwei Fahrer und weitere Angestellte der Niederlassung damit, Sofas und Wohnschränke auf eigene Rechnung zu verkaufen. Wenn die Zentrale zum Vergleich der Lagerbestände nach diesen Möbelstücken fragte, wurden sie über den Computer als «verlegt» gemeldet. Um die Zentrale zu beruhigen, erfolgte dann einige Zeit später die Meldung nach Chicago, daß die verkauften Möbelstücke «wiedergefunden» seien. Die Zentrale schien sich über das organisatorische Durcheinander in ihrer Niederlassung nicht sonderlich aufzuregen. Achtzehn Monate lang gingen Möbelstücke vorübergehend verloren, ohne daß eine Überprüfung stattfand. Dann beobachtete die Frau eines leitenden Angestellten, wie auf dem Hof des Warenlagers Schränke verladen wurden. Ihr fiel die Heimlichkeit auf, mit der das geschah, und sie benachrichtigte die Polizei. Der ganze Schwindel flog auf. Es kam heraus, daß die Angestellten während achtzehn Monaten Möbel im Wert von 200000 Dollar unterschlagen hatten. Fast zwanzig Täter, darunter auch einige Hehler, wurden verhaftet und vor Gericht gestellt.

Schlager aus dem Großrechner

Wegen eines Delikts, das heute bereits seltsam antiquiert erscheint, wurden im Juni 1977 noch zwei Programmierer der Computerfirma Sperry-Univac verurteilt. Die beiden jungen Männer aus Philadelphia hatten drei Jahre lang auf einem Großrechner ihres Arbeitgebers Musikstücke komponiert. Sie hatten ein Programm entwickelt, das aus einfachen Akkorden und Tonfolgen kunstvolle Arrangements entwickelte. Die schönsten Stücke hatten sie verkaufen können, einige waren auf Schallplatten veröffentlicht worden. Als die Spielerei zu einer handfesten Nebenbeschäftigung auswuchs, hatten sie eine eigene Firma, die «Camps Inc.», gründen müssen. Deren Buchhaltung wickelte natürlich auch der große Univac-Rechner ab. Wegen «Zeitdiebstahl», der Aneignung von Rechenzeit im Wert von 144000 Dollar, wurden sie von einem Bundesgericht verurteilt. Nur wenige Jahre später hätten sie den Großrechner nicht bemühen müssen. Mit der Verbreitung der Mikrocomputer wurde das elektronische Komponieren zur Freizeitbeschäftigung von Teenagern.

Kontenreiterei beim Börsenmakler

P., Vertreter einer Druckerei in New York, beschwatzte seine Firma, dem Herausgeber einer neuen Zeitschrift Kredit einzuräumen. Aber das Projekt scheiterte, die Druckerei stand am Ende mit 47000 Dollar unbezahlter Rechnungen da. Einer der Herausgeber des bankrotten Magazins, dem man später nachsagte, daß er Verbindungen zu organisiertem Verbrechen hatte, wandte sich darauf an P., wohl in dem Gefühl, ihm einen Gefallen zu schulden. Im August 1976 machte er P. mit seinem Cousin Joe bekannt. Joe war Programmierer in einer Börsenmaklerfirma, und P. erschien er wie ein wahrer Meister seines Fachs.

Joe behauptete nämlich, er sei in der Lage, mit dem Computer des Börsenmaklers Konten für nicht existierende Kunden einzurichten, nicht existierende Papiere für diese Kunden zu verkaufen, Schecks über diese nicht existierenden Verkäufe auszuschreiben, sie einzulösen und schließlich den Computer so zu programmieren, daß alle fiktiven Geschäfte in den Magnetspeichern gelöscht würden. Um das zu beweisen, zeigte Joe einen Scheck über 547000 Dollar vor, den er kürzlich auf diese Weise erwirtschaftet hatte. Dann schlug er P. vor, halbe-halbe zu machen. P. sollte den Scheck für 285000 Dollar abkaufen und ihn dann bei einem Münzhändler in Krüger-Rands eintauschen. Für die Abwicklung dieses

Geschäfts erhielt P. von Joe eine Geburtsurkunde, eine Sozialversicherungskarte und einen Führerschein auf den Namen Peter Simpson, auf den auch das Schwindelkonto in Joes Firma lautete. Aber P. bekam Angst. Er erzählte die ganze Geschichte dem FBI, das Joe eine Falle stellte. Joe wurde gefaßt und erklärte sich des versuchten Betruges für schuldig.

Da das FBI annahm, daß Joe für die Mafia tätig war, erhielt P. den Rat, unterzutauchen. Er mußte seinen Job aufgeben und umziehen, und er erhielt neue Personalpapiere. Um Geld für den Start in das neue Leben zu bekommen, wandte P. sich an Joe's Chef, den Börsenhändler, weil er hoffte, daß dieser sich für die Aufdeckung der Unterschlagungen dankbar erweisen würde. Aber der wollte nicht einmal mit ihm reden. P. verklagte ihn daraufhin auf Schadenersatz.

Beim Hunderennen gewinnt immer der Computer

Sechs Angestellte einer Rennbahn in Florida betrogen die Wettsieger bei Hunderennen um insgesamt eine Million Dollar. Die Methode war so einfach, daß sie fünf Jahre lang funktionierte, bis der Betrug durch einen Zufall herauskam. Bei der Sieg- und Einlaufwette, bei der die Quoten ständig auf dem Totalisator angezeigt werden, haben die Gewinner einen guten Überblick darüber, wieviel sie für das eingesetzte Geld bekommen. Die sechs Betrüger suchten sich deshalb ein Wettsystem aus, bei dem die Auszahlungsquote nicht im voraus bekannt sein kann: eine Poolwette. Bei dieser Wette gewinnt, wer den Sieger und den Zweiten in drei aufeinanderfolgenden Rennen richtig gesetzt hat. Das gewettete Geld geht in einen Pool, von dem ein Teil für den Veranstalter und ein gleich großer Teil als Steuer für den Staat abgezogen wird. Der Rest wird an die Wettsieger ausgeschüttet, und die Höhe des einzelnen Gewinns ist damit abhängig von der Anzahl der Gewinner. Zur Ermittlung dieser Gewinnsumme setzte die Rennleitung in Florida zwei Computer ein, die auch die Wettscheine ausdruckten.

Die Betrüger schalteten nun während der Gewinnermittlung jeweils einen Computer ab und gaben dem anderen Computer zusätzliche Gewinner ein, deren siegreiche Wettscheine auch gleich ausgedruckt wurden. Die wirklichen Gewinner freuten sich über ihre ausgezahlten Anteile und ahnten nicht, daß sie betrogen wurden. Der Betrug kam durch einen Zufall heraus. Eines Tages gewann ein echter Tipper 156000 Dollar auf mehrere Wettscheine. Ein Kontrolleur der staatlichen Wettkommission nahm das zum Anlaß für eine Routinekontrolle. Dabei fiel ihm auf, daß alle siegreichen Wettscheine von einer Maschine ausgedruckt waren. Er prüfte weiter und entdeckte, daß dieser Computer sogar mehr Gewinntickets ausgedruckt hatte, als Wetten gesetzt worden waren. Darauf legte einer der sechs Angestellten ein Geständnis ab, nachdem er sich Straffreiheit hatte zusichern lassen, und trat vor Gericht als Zeuge gegen die anderen fünf auf.

Ein Programmierer räumt sich Kredit ein

Ein 21 Jahre alter Programmierer erhielt 1966 den Auftrag, für eine Bank in Minneapolis ein Computerprogramm auszuarbeiten. Der Auftrag kam von einer Firma, die der Bank ein Programm für die Bewältigung des Scheckverkehrs erstellen sollte. Zufällig war es die Bank, bei der der Programmierer sein eigenes Konto unterhielt. Das brachte ihn auf die Idee, in das Programm den Befehl einzubauen, den Geldverkehr auf seinem Konto nicht zu kontrollieren. Dann begann er, sein Konto mit kleinen Beträgen zu überziehen. Vermutlich wäre das lange gutgegangen, wenn nicht bald darauf das System zusammengebrochen wäre. Die Konto-Führung mußte wieder manuell gemacht werden. Dabei fiel auf, daß sein Konto um 1357,33 Dollar überzogen war. Die Sache wurde überprüft, der Programmbefehl wurde entdeckt. Der Programmierer wurde entlassen, fand aber sofort einen neuen Job bei der Beratungsfirma, in deren Auftrag er das Scheckbuchungsprogramm entworfen hatte. Die Firma suchte dringend so gute Programmierer wie ihn.

Fälschung in der Mittagspause

Ein Beispiel dafür, daß schon im Vorfeld der automatischen Datenverarbeitung organisiertes Verbrechen ein weites Betätigungsfeld hat, ist der folgende Fall:

Der 30 Jahre alte C. war im Frühjahr 1967 damit beschäftigt, aushilfsweise Maschinen für eine Firma in New York zu reparieren, die Mitgliedskarten für den Diners Club stanzte. Die Stanzmaschine wurde von zwei Arbeitern bedient, die gerne gemeinsam zum Mittagessen gingen, was sie aber nach den Vorschriften der Firma nicht durften. C. schlug ihnen vor, in ihrer Abwesenheit die Maschine zu überwachen, und sie nahmen dankbar an.

In den folgenden vier Monaten stellte C. während der Mittagspause der beiden rund 500 Duplikate regulärer Mitgliedskarten her. Dann schlug binnen weniger Tage eine große Organisation – später im Prozeß war die Rede von Angehörigen der Mafia – zu. Für insgesamt eine Million Dollar wurden mit den falschen Karten, die auf die Namen richtiger Mitglieder lauteten, Waren und Dienstleistungen gekauft.

Diners Club bemerkte nun den Kartenschwindel und entdeckte auch rasch den Täter an der Stanzmaschine. C. wurde verhaftet und gestand vor der Polizei, daß die Mafia ihm 40000 Dollar geboten hatte, wenn er sie mit 1500 Kreditkarten mit korrekten Namen und Mitgliedsnummern belieferte.

Am 24. November, zwei Wochen vor seinem Prozeß, wurde C. tot im Stadtteil Queens aufgefunden. Er war mit drei Schüssen in den Hinterkopf hingerichtet worden. Der Mord wurde der Mafia zugerechnet, konnte aber nie aufgeklärt werden.

Zehntel Cents für Mr. Zzwicke

Bei vielen Geldgeschäften – im Devisenverkehr wie bei Zinsberechnungen – ergeben sich Beträge mit mehr als zwei Stellen hinter dem Komma. Die Banken in aller Welt runden solche Beträge auf die kleinste im Umlauf befindliche Münze auf oder ab. Die uralte Frage, was mit den vielen Zehntelpfennigen, -cents oder -pennies geschieht, beantwortete der Angestellte einer US-Bank für sich so: Er richtete bei der Bank, in der er arbeitete, ein Konto auf den Namen «Mr. Zwaine» ein, das im Rechenprogramm am Ende der alphabetischen Auflistung stand. Auf dieses Konto ließ er durch eine Programmänderung alle die vielen zehntel, hundertstel und tausendstel Cent überweisen, die im täglichen Bankgeschäft anfielen.

Über die Summe, die auf diese Art und Weise anfiel, ist nichts bekannt. Ebensowenig weiß man, wie lange und in welchem Zeitraum dieser Bankangestellte vom Zufluß auf das Zwaine-Konto profitierte. Die Journalisten, die diesen Fall in verschiedenen Zeitschriften darstellten, berichteten lediglich übereinstimmend, daß der Bankangestellte erwischt wurde, als die Marketing-Abteilung seines Institutes zu Werbezwecken den ersten und letzten Kunden im Alphabet präsentieren wollte und dabei feststellte, daß Mr. Zwaine zwar reich war, aber gar nicht existierte.

Nach einer anderen Schilderung lautete das Sammel-Konto auf den Namen «Zzwicke». Der Bankangestellte sammelte keine Zehntelcents, sondern er zweigte zehn Cents von jedem Geldgeschäft unter zehn Dollar für sich ab, bei Geldgeschäften über zehn Dollar noch ein bißchen mehr. Beide Varianten gehen auf Berichte zurück, die auf einer Konferenz über Computerkriminalität im Jahre 1971 gegeben wurden. Diese Berichte basierten auf Hörensagen, weil die betroffene Bank keinen Strafantrag gestellt hatte. Sie hatte kein Interesse an der öffentlichen Erörterung des Normalfalls. Denn gewöhnlich kassiert die Bank, was sich auf den Konten von Mr. Zwaine oder Mr. Zzwicke ansammelt.

Drei Millionen für die Abonnenten-Kartei

Im Juli 1970 berichtete die Fachzeitschrift «Computer World» über einen Fall von Datendiebstahl, den alle Beteiligten wohl am liebsten vertuscht hätten. Drei Programmierer der «Encyclopaedia Britannica» hatten Magnetbänder kopiert, die die Anschriften und

Namen von zwei Millionen Kunden enthielten. Die Programmierer verkauften diese Listen an ein großes Versandhaus. Ein Schaden trat nicht ein, weil die Britannica in den Besitz der kopierten Bänder gelangte, bevor irgend jemand sie verwenden konnte. Die Britannica bezifferte später den materiellen Wert ihrer Kundenliste auf drei Millionen Dollar – eine Summe, die Rückschlüsse zuläßt über den Handelswert von Daten, die bei einer Volkszählung anfallen würden.

Uniformen für den Schwarzen Markt

Im Juni 1971 wurde Lindsay Baird jr., Oberstleutnant der US-Army, damit beauftragt, das massenhafte Verschwinden von Ausrüstungsgegenständen in Südkorea aufzuklären. Das Ergebnis seiner Ermittlungen stellte Baird in einem Bericht an einen Senatsausschuß später so dar: «Koreaner benutzten die computergestützten logistischen Systeme, um Material zu bestellen und es an Plätzen zu lagern, wo es leicht gestohlen werden konnte. Nach dem Diebstahl wurden alle Unterlagen über die Materialanforderungen auf den Magnetbändern gelöscht, so daß die Güter nicht mehr existierten. Nahrungsmittel, die jeden Montag, Mittwoch und Freitag geliefert wurden, gelangten auf Umwegen auf den koreanischen Schwarzmarkt. Der schwarze Markt einer Stadt verfügte stets über gestohlene Güter im Wert von 500000 Dollar. Manchmal konnte die Army den benötigten Nachschub nicht bekommen und war gezwungen, ihn von Schwarzhändlern auf dem schwarzen Markt zu kaufen.»

Die Verschiebung von US-Army-Eigentum wurde vom Computerzentrum der Army in Taegu gesteuert. Das Bedienungspersonal bestand dort aus Koreanern, die von einigen wenigen Amerikanern beaufsichtigt wurden. Vermutlich machten koreanische Programmierer mit ihren US-Aufpassern gemeinsame Sache. Es gelang ihnen jedenfalls über Jahre, angefordertes Nachschubmaterial an Plätze zu dirigieren, wo es entwendet werden konnte. In einem aufgeklärten Falle wurden Uniformen im Wert von 100000

Dollar auf einen Schlag für den schwarzen Markt abgezweigt. Im Durchschnitt wird der Schwund an Nahrungsmitteln und Material auf zehn Millionen Dollar jährlich geschätzt. Die Schätzung über den Gesamtschaden beläuft sich auf 100 Millionen Dollar. Das Computerzentrum in Taegu war dabei in mehrfacher Hinsicht nützlich: Die elektronische Lagerhaltung wurde so manipuliert, daß bei Kontrollen der Schwund nicht auffiel. Ein anderes Programm diente dazu, den Diebstahl zu organisieren. Außerdem lieferte der Computer Informationen über den zu erwartenden Nachschub aus den USA.

Gehälter für pensionierte Lehrer

Der Computer, der die Gehälter der New Yorker Lehrer verwaltet, wurde Anfang der siebziger Jahre Tatwerkzeug für eine Unterschlagung. J., ein Ingenieur, der für die Verwaltung von audiovisuellem Gerät in den Schulen zuständig war, fügte dem Programm, das die Gehaltsliste aller Lehrer enthielt, ein paar neue Namen zu. Vier Monate sandte die Stadtverwaltung Gehaltsschecks im Gesamtwert von 40000 Dollar an Briefkastenadressen. Der Schwindel flog durch einen Zufall auf. Einer der Schecks lautete auf einen Namen, der mit der Adresse auf der gefälschten Gehaltsliste nicht übereinstimmte. Eine daraufhin eingeleitete Überprüfung aller Auszahlungen ergab, daß fünf Lehrer, die seit langem aus dem New Yorker Schuldienst ausgeschieden waren, Gehaltsschecks erhalten hatten. Mit diesen Gehaltsschecks waren bei verschiedenen Banken neue Konten eröffnet worden. Die dort eingetroffenen Summen waren per schriftlicher Überweisung weitergeleitet worden. J. hatte sich einen einfachen Fehler des Programms zunutze gemacht. Er hatte die Namen tatsächlich existierender Lehrer angegeben, denn das Programm war nicht darauf eingerichtet, die Namen ausgeschiedener Lehrer zu speichern. Der Fall kam vor Gericht. J. wurde wegen Unterschlagung verurteilt.

Kurzschluß in der EDV

Der Großrechner der National Farmers Union Corporation in Denver im US-Staat Colorado, ein B 3500, wurde immer wieder durch Kurzschlüsse lahmgelegt. Die Techniker nahmen an, daß dafür Schwankungen in der Stromversorgung verantwortlich waren. Da die Kurzschlüsse hauptsächlich im Betriebssystem des B 3500 auftraten, mit dem die Versicherungsprämien der Farmers Union im Wert von jährlich 50 000 000 Dollar verwaltet wurden, tippten die Techniker schließlich auf Sabotage. Sie bauten in den Räumen der Rechenanlage Fernsehkameras ein, und binnen drei Tagen war der Täter gefaßt. Einer der Systemoperatoren erzeugte die Kurzschlüsse mit einem Metallstück, das er zwischen die Zuleitungen zu den Magnetplattenspeichern klemmte. Als man ihn im August 1972 erwischte, hatte er das 56mal in den davorliegenden beiden Jahren gemacht. Die Gesamtkosten für Reparaturen hatten sich zu einer halben Million summiert.

Ein Student macht Überstunden

Jerry Neal Schneider war noch keine 20 Jahre alt, als er 1971 seine eigene Firma gründete, die «Creative Systems», ein Großhandelsgeschäft für elektronische Ausrüstung und Zubehör. Sein Büro in Los Angeles lag in der Nähe des Lagers der Pacific Telephone and Telegraph, PT & T. Schneider, ein vielbeschäftigter junger Mann, der nebenbei Informatik studierte, fand immer wieder mal Zeit, in den Abfallbehältern beim Nachbarn PT & T nachzusehen. Dort fand er beschädigte Geräte, aber auch Handbücher und Computerausdrucke, die er aufmerksam las. So besaß er bald eine ansehnliche Handbibliothek über Rechnersysteme und wurde ein intimer Kenner des Geschäftsablaufs von PT & T.

Die Telefongesellschaft wickelte ihre Lagerhaltung mit einem IBM 360 ab. Bestellungen für die einzelnen Warendepots wurden über Bildschirmterminals eingegeben und von dort per Telefonleitung in den Rechner im Zentrallager übertragen. Die bestellten

Geräte wurden dann um Mitternacht verladen und erreichten die einzelnen Depots gegen zwei Uhr in der Frühe. Jerry besorgte sich nun einen Hauptschlüssel von einem ehemaligen PT & T-Angestellten sowie einen alten PT & T-Lastwagen auf einer Versteigerung. Dann gab er sich als Journalist aus, besuchte die Zentrale der Telefongesellschaft und notierte sich dort die geheime Telefonnummer für die Datenfernübertragung und den dazu verwendeten Code. Was er dann noch brauchte, war ein eigener kleiner Elektronenrechner und ein Akustikkoppler für das Telefonnetz.

Von nun an spielte Jerry Schneider Lagermeister von PT & T. Er bestellte von seinem Büro aus über Computer und Telefon Geräte für entlegene Depots der Telefongesellschaft. Dabei brauchte er nur darauf zu achten, daß er das Budget der Firma für einzelne Geräte nicht überschritt. Die Summen fand er im Programm des IBM 360, das er gründlich erforscht hatte, bevor er seine Tätigkeit begann. Dann fuhr er mit dem Lieferwagen morgens zwischen zwei und fünf Uhr in die Depots, die er mit dem Hauptschlüssel öffnen konnte, und lud die Waren ein, die er dorthin bestellt hatte. Vormittags konnte er diese Waren dann an seine Kunden ausliefern, die er über Zeitungsanzeigen warb, in denen er prompte Lieferung zu guten Preisen versprach.

Die Dauerbelastung – eigenes Geschäft mit bald zwölf Angestellten, Abendstudium und nächtliche Sammelfahrten – wurde nach einigen Monaten zu groß für Jerry. Er zog einen seiner Angestellten ins Vertrauen und überließ ihm das Einsammeln der bestellten Waren. Das war der Fehler. Der Komplize versuchte, ihn zu erpressen, und verpfiff ihn dann an die Telefongesellschaft, die ihn auf frischer Tat ertappte.

Jerry Schneider wurde angezeigt und vor Gericht gestellt. Der Richter zeigte sich höchst beeindruckt von der Energie des jungen Mannes und verurteilte ihn zu dem Mindeststrafmaß von zwei Monaten und einer Geldbuße von 500 Dollar. Jerry saß 40 Tage der Haftstrafe ab, zahlte an PT & T den Schaden von 250000 Dollar zurück und eröffnete eine Beratungsfirma für Computersicherheit.

Kreditkarten führen auf die Spur

In der bargeldlosen Gesellschaft hinterläßt der Besitzer von Kreditkarten eine deutliche Spur. Das machte sich Carl Bernstein zunutze, einer der beiden Reporter der «Washington Post», die den Watergate-Skandal recherchierten. Als Bernstein die Spur von einem der fünf Einbrecher verfolgte, die aus dem Watergate-Hotel Unterlagen des Präsidentschaftskandidaten der Demokraten entwendet hatten, wandte er sich an einen alten Freund, der bei einer Kreditkartengesellschaft arbeitete. Dieser besorgte ihm den Computerausdruck aller Kreditkartenbuchungen des Einbrechers Segretti – Hotelbuchungen, Flugbuchungen und Käufe mit Daten und Ortsangaben. Segretti war im zweiten Halbjahr 1971 nach Computerausdruck seiner Kreditkartengesellschaft kreuz und quer durch die USA gereist. Er hatte Miami, Houston, Manchester, New Hamshire, Knoxville, Los Angeles, Chicago, Portland, San Francisco, New York, Fresno, Tucson, Albuquerque und wiederholt Washington besucht. Aus diesen Unterlagen ging klar hervor, daß Segretti den demokratischen Präsidentschaftsbewerber auf allen Wahlkampfreisen verfolgt hatte. Der Hoteldieb konnte so als Mann mit politischem Auftrag enttarnt werden.

Sicher ist, daß das FBI sowie die US-Nachrichtendienste bei der Fahndung nach Tätern oder der Suche nach Zeugen auf die Computerlisten der Kreditkartengesellschaften zurückgreifen. Ein Sicherheitsbeauftragter von American Express erzählte 1973 auf einer Konferenz:

«In New York City wurde kürzlich ein Polizeibeamter vor einem bekannten Restaurant erschossen. Zeugen meldeten sich nicht. Die Polizei nahm daraufhin unsere Hilfe in Anspruch, weil das Lokal unsere Kreditkarten akzeptierte. Unser Computer wurde entsprechend programmiert, und in weniger als einem halben Tag hatten wir eine Liste von zwanzig Personen, die an jenem Abend in diesem Restaurant gegessen hatten und ihre Rechnung mit der Kreditkarte bezahlt hatten. In Zusammenarbeit mit diesen Kunden machte die Polizei mehrere Zeugen ausfindig, deren Aussagen schließlich zur Identifizierung und Ergreifung des Mörders führten.»

Auch in den USA, in denen die Privatsphäre (privacy) seit je als schützenswertes Rechtsgut gilt, hat die Diskussion um den Datenschutz zugenommen. Die großzügige Weitergabe elektronisch gespeicherter Daten wird nicht mehr toleriert. Das mußten auch große Kreditkartengesellschaften wie American Express berücksichtigen. Einer ihrer Direktoren schrieb 1980:

«Es ist wichtig, darauf hinzuweisen, daß heute Vorschriften in Kraft sind, die die Privatsphäre unserer Mitglieder schützen. Heute verlangen unsere Schutzvorschriften, daß wir keine Informationen herausgeben, wenn wir nicht durch eine Vorladung dazu gezwungen sind. Wenn eine gerichtliche Vorladung erwirkt ist, setzen wir den betreffenden Karteninhaber davon in Kenntnis, sofern uns das durch Gerichtsbeschluß nicht ausdrücklich verboten ist. Außerdem nimmt die Firma normalerweise die in der Vorladung bezeichnete Frist in Anspruch, bevor sie die Daten weitergibt. Das gibt dem Betroffenen die Möglichkeit, seine Rechte wahrzunehmen, um uns von der Unterwerfung unter die Vorladung abzuhalten. Wir glauben, daß diese internen Datenschutzvorschriften der Firma die gegenwärtigen gesetzlichen Vorschriften übertreffen.»

Die Crasher von der Schulbank

Am 11. April 1980 beschwerte sich Kenneth Scott, Präsident einer Computerberater-Firma, die für Pepsi Cola/Kanada, arbeitete, daß ein unbekannter Benutzer in den Rechner seiner Firma eingedrungen war. Empfänger der Beschwerde war die GTE TELENET in Vienna, Virginia, eine jener Organisationen, die im nordamerikanischen Raum Datennetze für Computer betreiben. TELENET verfolgte die Spur des Eindringlings zurück bis zum Knotenpunkt von New York City. Weiter kamen die Fahnder nicht, denn der fremde Anrufer benutzte falsche Paßwörter, so daß Scotts Computer sich jedesmal automatisch abschaltete.

Scott ließ darauf ein Computerprogramm auflegen, das den Zugang zu seinem Rechner auch mit falschem Paßwort gestattete. Er konnte nun vier Tage lang fasziniert beobachten, wie der Eindringling wiederholt seinen Rechner anwählte, verschiedene Paßwörter ausprobierte, nach und nach sein Programm erkundete und versuchte, über seinen Rechner in das Rechenzentrum von Pepsi Cola in Kanada vorzudringen. Schließlich ermittelte die zuständige New Yorker Telefongesellschaft die Herkunft der Anrufe. Alle vier Anschlüsse, von denen aus die Kontaktaufnahme zu Scotts Rechner gegangen waren, gehörten zu einer exklusiven Privatschule in der Upper Eastside von Manhattan.

Am 15. April 1980 meldete die Canada Cement La Farge in Montreal der Telefongesellschaft Bell Canada, daß ein unbekannter Anrufer unter Benutzung eines richtigen Zugang-Codes heilloses Durcheinander angerichtet hatte. La Farge benutzte für die Speicherung umfangreicher Lieferanten- und Kundenlisten drei 80-Megabyte-Magnetplatten, von denen zwei unbrauchbar gemacht worden waren. Bell Canada benachrichtigte die kanadische Polizei und das FBI, deren Nachforschungen in den beiden folgenden Tagen zu vier Telefonanschlüssen in New York führten. Es waren die Apparate in der Privatschule in Manhattan.

Um herauszufinden, was die mysteriösen Anrufe aus der New Yorker Schule bedeuten sollten, bot La Farge sich als Köder an. Zwischen dem 16. und 24. April beobachteten Polizei und Programmierer von La Farge, wie die Eindringlinge aus der New Yorker Schule in ihrem elektronischen System herumspazierten, manchmal über drei Leitungen gleichzeitig. Ein Programmierer von La Farge sagte später: «Es sah aus, als ob sie uns unsere Jobs wegnehmen wollten. Nach und nach hatten sie ein Fünftel unserer Daten im Zugriff. Es war wie dieses Kinderspiel – an der Tür klingeln und dann um den Block rennen.»

Am 25. April stürmte das FBI mit einem Hausdurchsuchungsbefehl die Schule in New York. An den Terminals des Schul-Computers im fünften Stock saßen vier dreizehnjährige Jungen. Die Schüler hatten insgesamt 21 Firmen und Organisationen elektronisch besucht, darunter die Universitäten von Toronto und Alberta und die Computerfirma Honeywell Information Systems.

Die Jungen hatten an einem Schulkursus über Computerwissenschaften teilgenommen, jeder hatte mehrere Stunden am Tag an einem der Terminals verbracht. Dabei hatten sie herausgefunden, daß sie über TELENET unangefochten in das Datapac-Netz der kanadischen Bell Telephone Company gelangen konnten. Mit dem Überwechseln von einem Netz in das andere umgingen sie die Sicherungseinrichtungen von TELENET, die normalerweise verhindern, daß ein Benutzer dieses Netzes ohne Nennung seiner Identifikations-Nummer und seines persönlichen Paßworts Kontakt zu einem anderen Computer aufnehmen kann, der an das Netz angeschlossen ist.

Der zuständige Bundesanwalt verzichtete auf eine Strafverfolgung, weil die Täter noch Kinder waren. Hilfreich war wohl auch, daß einer der Schüler der Sohn eines Mitglieds des Diplomatischen Corps bei den Vereinten Nationen war.